Stefanie Schneider

Rechnen ohne Stolperstein
Zehnerübergang mit Minus

Hefte zur intensiven Übung und Automatisierung der Zehnerübergänge

Cornelsen

Die Autorin:

Stefanie Schneider ist Beratungsrektorin, Sonderschullehrerin mit Montessori - Diplom und Dyskaklulietrainerin. Sie verfügt über langjährige Berufserfahrung in Diagnose- und Förderklassen, in Förderberufsschulen, und im Mobilen Sonderpädagogischen Dienst an Grundschulen. Derzeit betreut sie mehrere Förderzentren schulpsychologisch.

Redaktion: Doreen Wilke, Berlin
Projektleitung: Dorothee Weylandt, Berlin
Umschlaggestaltung: Corinna Babylon, Berlin
Illustrationen (Umschlag und Innenteil): Kristina Klotz, München
Technische Umsetzung: Straive, Chennai

www.cornelsen.de

1. Auflage 2023

Druck: H. Heenemann, Berlin

ISBN 978-3-589-16892-7

PEFC
PEFC/04-31-1156

PEFC zertifiziert
Dieses Produkt stammt aus nachhaltig bewirtschafteten Wäldern und kontrollierten Quellen.

www.pefc.de

Inhaltsverzeichnis

Vorwort

Auf der Basis der prägnanten und anschaulichen Formzahlbilder bietet „Rechnen ohne Stolperstein – Zehnerübergang mit Minus“ auf systematische und zugleich motivierende Weise geeignete Übungsmöglichkeiten, den Zehnerübergang bis 20 und bis 100 zu verstehen und zu automatisieren.

Der Zehnerübergang ist die erste komplexere Anforderung beim Erlernen des Rechnens, die viele Kinder vor Herausforderungen stellt.

Um diese Stolpersteine überwinden zu können, müssen die Kinder flexibel und versiert mit den **Mengen bis 10** operieren und ein **Verständnis unseres Zehnersystem**s haben. Zudem erfordert die Zehnerüber- oder -unterschreitung mehrere aufeinanderfolgende Rechenschritte, d. h., auch die **Merkfähigkeit für Zahlenmaterial** ist eine wichtige Voraussetzung.

Kinder, denen das Rechnen leichtfällt, verwenden im Umgang mit dieser Anforderung geschickt unterschiedliche Rechenwege. Bestehen Unsicherheiten, fällt es meist schwer, unterschiedliche Rechenwege zu verstehen und anzuwenden oder sogar sie sich selbst zu erarbeiten. Die Kinder greifen dann auf Lösungswege zurück, die wenig zielführend, umständlich und fehleranfällig sind, wie z. B. das Weiter- oder Zurückzählen.

Um Stolpersteine zu umgehen, ist es hilfreich, **einen einzigen, anschaulichen Weg** anzubieten, der den Kindern Zuversicht gibt, auch diese Herausforderung meistern zu können.

Durch die in diesem Heft verwendeten **Formzahlbilder** in Kombination mit der Zehnerbündelung in Form einer Schachtel wird der Vorgang der Zehnerüber- bzw. -unterschreitung auf einleuchtende, einfache Weise dargestellt. Kinder sehen und verstehen so, was beim Zehnerübergang geschieht.

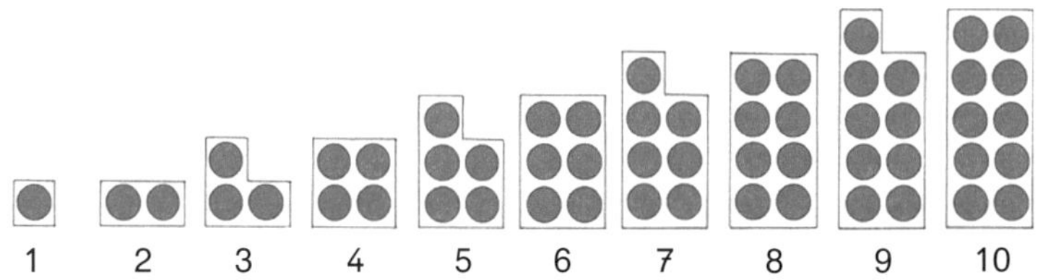

Sie finden in diesen Bänden rechts oben auf jeder halben Seite eine Abbildung der betreffenden Menge, damit die Kinder bei Bedarf ohne großen Aufwand gedanklich auf die Mengendarstellung zurückgreifen können.

Die Darstellung der Zehnerüber- und - unterschreitung lehnt sich eng an „Rechnen ohne Stolperstein“ Band 2 B (s. u.) an. Die Vorgehensweise im Bereich der Rechnungen ist ähnlich, allerdings wurden Zerlegungsaufgaben innerhalb der Rechnung zunehmend reduzierter dargestellt, um den Fokus auf die Versprachlichung der Rechenschritte zu legen.

Aufgabe: 16–7

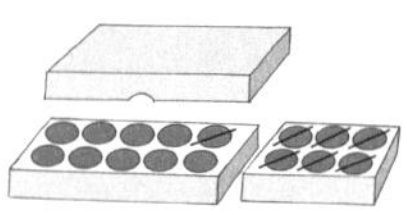

Mengendarstellung

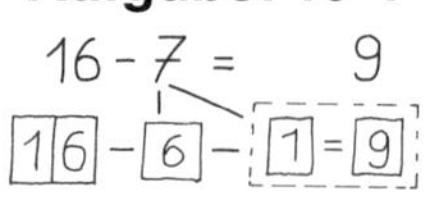

Rechnung mit Zwischenschritt und angedeuteter Zehnerschachtel

16 − 7   6 außen   1 innen   1 bleiben = 9

Rechnung mit Fokus auf handlungsbegleitendem Sprechen

Bitte üben Sie zunächst mit den Rechenmaterialien zu „Rechnen ohne Stolperstein“ (ISBN 978-3-589-16495-0). Sie unterstützen so das Verständnis für den Vorgang der Zehnerüberschreitung.

Durch die Verwendung des Rechenmaterials können die Kinder handelnd und anschaulich erfahren, was bei der Zehnerunterschreitung passiert:

„außen“: Es bietet sich an, die Menge sechs zunächst außerhalb der Schachtel wegzunehmen.

„innen“: Danach muss die Zehnerschachtel geöffnet werden (s. o. „Mengendarstellung“), damit der zweite Teil des Subtrahenden entnommen werden kann.

„bleiben“: Als dritter Schritt ist die Fokussierung auf die in der Schachtel verbleibende Menge wichtig. Damit ist die Aufgabe gelöst.

(Aufgaben für die Übung zur Erstbegegnung mit dem Zehnerübergang Minus finden Sie in Rechnen ohne Stolperstein Bd. 2B S. 64–70, ISBN 978-3-589-15986-4.)

Bitte achten Sie in diesem Bereich besonders auf die **Wiederholung der Zahlzerlegung bis 10**. Das mühelose und rasche Lösen dieser Aufgabenstellungen entlastet das Arbeitsgedächtnis der Kinder und schafft Speicherplatz für den zusätzlichen Rechenschritt bei der Zehner-Unterschreitung („außen, innen, bleiben“ statt nur „innen, außen“ beim Zehnerübergang Plus).

Sollten Sie feststellen, dass Unsicherheiten bestehen, ist es wichtig, zunächst diesen Zahlenraum zu sichern. Anregungen hierzu gibt es in „Rechnen ohne Stolperstein“ Band 1B (ISBN 978-3-589-15984-0) und 2A (ISBN 978-3-589-15985-7).

Die Aufgaben der Zehner-Unterschreitung sollten von Anfang an **handlungsbegleitend durch immer gleiches Sprechen unterstützt werden:** z. B. 16 – 8: „sechs **außen**, zwei **innen**, acht **bleiben**“.

Handlungsbegleitendes Sprechen bei der Durchführung der Übergänge in immer gleichen Worten und Abfolgen hilft den Kindern, in komplexen Rechensituationen ihre Gedanken zu sortieren und zu strukturieren. Ebenfalls wird dadurch **der Rechenweg angeleitet**, nach einiger Übung werden **gedankliche Ressourcen** für den reinen Umgang mit Zahlen freigestellt und so **Rechenfehlern vorgebeugt**. In „Rechnen ohne Stolperstein – Zehnerübergang mit Minus“ wird die Verbalisierung auch dazu genutzt, **vor rein mechanischem Aufschreiben und Rechnen der Aufgaben zu schützen**. Durch Ausfüllen der Unterzeile „außen, innen, bleiben“ haben die Kinder außerdem die Möglichkeit, ihre Rechnung zu überdenken und zu kontrollieren. Auch das Lösen von schwierigen **Platzhalteraufgaben** wird durch diese Hilfestellung erleichtert bzw. ermöglicht. Als motivierende Figuren führen der Biber und der Holzwurm durch die Aufgaben.

Anhand von **ausreichend Übungsmöglichkeiten** lernen die Kinder, **ausgehend von einzelnen Mengen** schnell und sicher über den Zehner zu springen. Der Vorteil dieser Methode ist, dass sich die Zerlegung des Subtrahenden zunächst immer gleich gestaltet:

11–2 = „**eins** außen, 12–2 = „**zwei** außen …“. So wird es möglich, auf den zweiten Zerlegungsschritt und die Lösung zu fokussieren.

Erst wenn der Zehnerübergang von einer Zahl sicher und schnell gelingt, wird mit der Überschreitung von der anderen Menge aus begonnen, und in der Folge werden die Aufgaben mit unterschiedlichen Minuenden systematisch geübt. Auf diese Weise wird sichergestellt, dass die Kinder ausreichend versiert im Zehnerübergang sind und die Voraussetzung erlangen, auch die Stolpersteine der komplexeren Übergänge in den erweiterten Zahlenräumen zu überspringen.

Die **Übertragung des Zehnerübergangs in den Zahlenraum bis 100** geschieht in einer Kombination des zu diesem Zeitpunkt sehr gut bekannten handlungsbegleitenden Sprechens („außen, innen, bleiben“) und der Nutzung der Analogie von „kleiner Aufgabe“ im Zahlenraum bis 20 und der „großen Aufgabe“ bis 100. Die Aufgaben schließen sich jeweils an die intensive Übung des Zehnerübergangs bis 20 vom jeweiligen Mengenbereich aus an.

Am Ende jeder Menge wird den Kindern die Gelegenheit geboten, **Plus-/Minus-Aufgaben der Zehnerübergänge gemischt** zu üben. Die in der Unterzeile angebotenen Formeln des handlungsbegleitenden Sprechens („innen, außen“ und „außen, innen, bleiben“) rufen die Vorgehensweise noch einmal ins Gedächtnis, unterstützt durch die Identifikationsfiguren Holzwurm und Biber.

Die **Größe der Zahlen und der dosierte Inhalt** der einzelnen Seiten erlauben es den Kindern, sich der Mühe des zusätzlichen Übens zu stellen, da einzelne Seiten schnell bearbeitet sind. Sollten Sie sich dazu entscheiden, kleine Querformat-Hefte in DIN A5 herzustellen, ist dies für Kinder sicher noch zusätzlich ansprechend und motivierend.

Nicht zuletzt ermöglicht die systematische Aufbereitung dieser Hefte einen **Einblick in Gesetzmäßigkeiten der Mathematik**. Besonders deutlich wird dies bei den Aufgabenformaten „2, 3, 4 Aufgaben – ein Ergebnis" oder bei „eingeschmuggelten" Aufgaben ohne Zehnerübergang, über die sich ein kleiner Biber wundert. Mechanisches Rechnen wird so zusätzlich unterbrochen und das Nachdenken beim Rechnen gefördert.

Bei Beachtung all dieser Anregungen sollte es den Kindern gelingen, auch den Stolperstein Zehnerübergang sportlich zu überwinden.

Dieses Heft gehört:

____

ZÜ von 11 rückwärts

Von **11** **rückwärts** über den Zehner

Wie viele bleiben in der Schachtel? Male Einer blau, die Zehnerschachtel rot.

ZÜ von 11 rückwärts

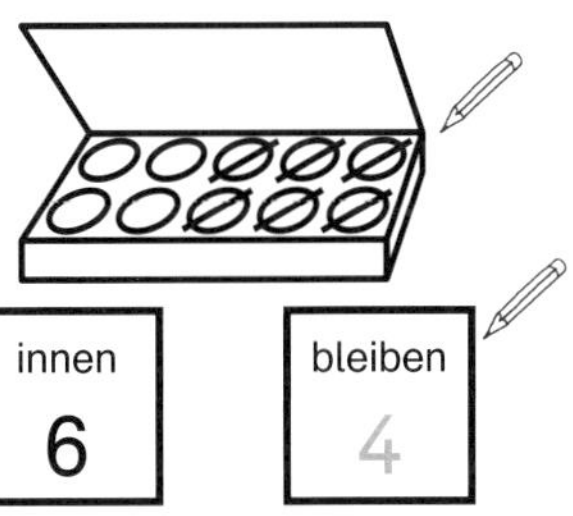

innen	bleiben
6	4

„Sechs innen, vier bleiben!“

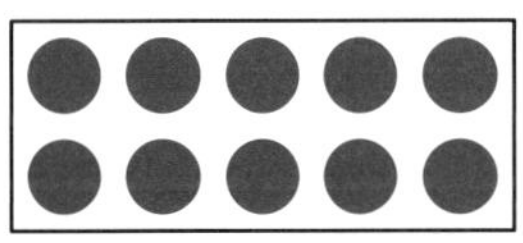

innen	bleiben
3	

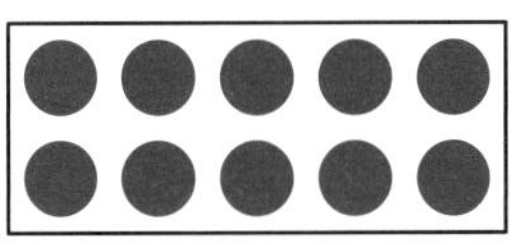

innen	bleiben
8	

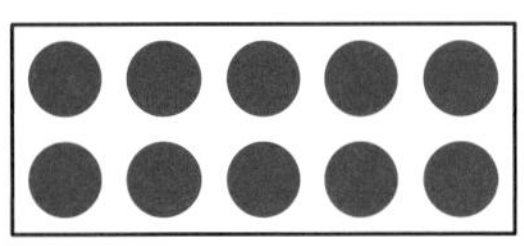

innen	bleiben
5	

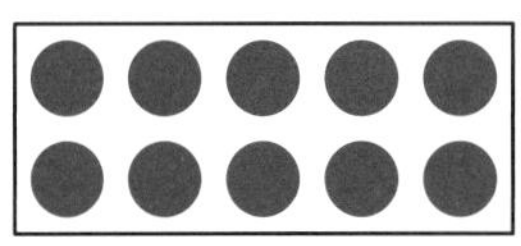

innen	bleiben
2	

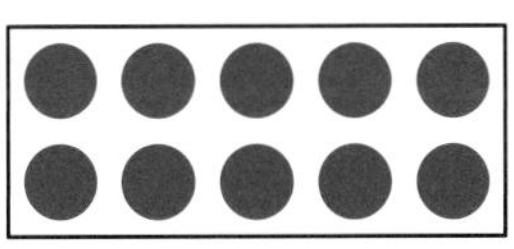

innen	bleiben
7	

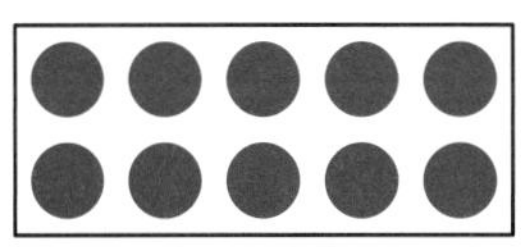

innen	bleiben
4	

Wie viele bleiben im Zehner?

ZÜ von 11 rückwärts

10	8	2
10	3	
10	7	
10	5	
10	2	
10	6	
10	4	

Zerlege immer in **1** und ... !

ZÜ von 11 rückwärts

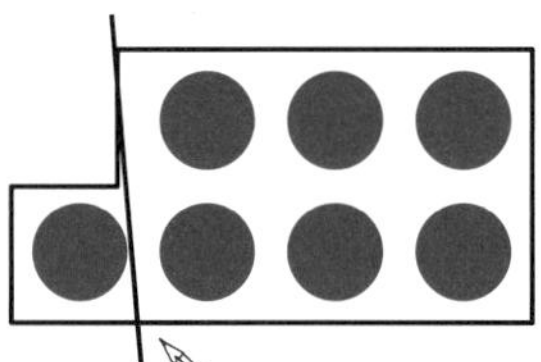

1 ☐ 6

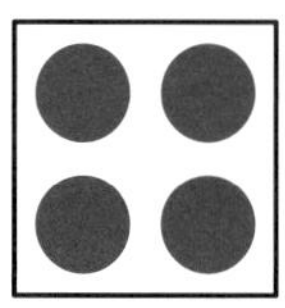

☐ ☐

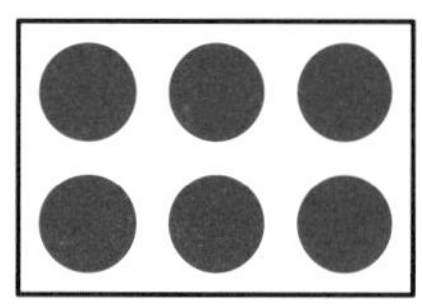

☐ ☐

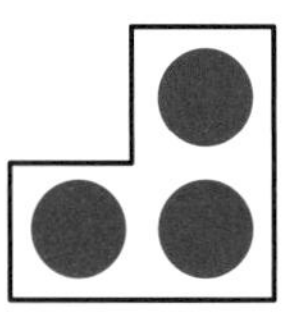

☐ ☐

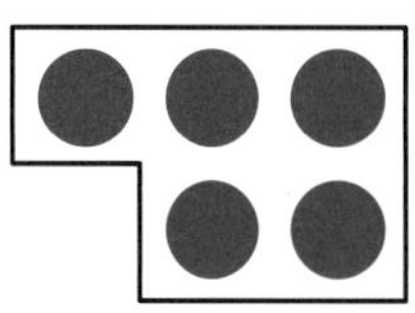

☐ ☐

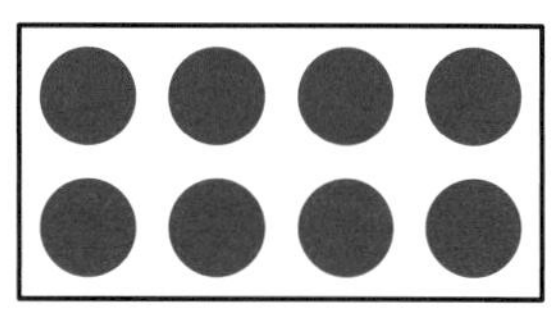

☐ ☐

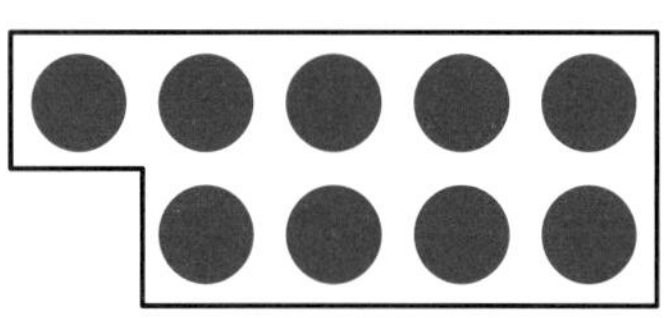

☐ ☐

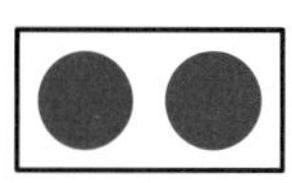

☐ ☐

Schneider: Rechnen ohne Stolperstein, Zehnerübergang mit Minus. Illustrationen: Kristina Klotz

Zerlege immer in **1** und ... !

ZÜ von 11 rückwärts

6	1	5
8	1	
4	1	
2	1	

9	1	
3	1	
7	1	
5	1	

Von **11** rückwärts über den Zehner: **„Eins außen, ... innen, ... bleiben.“**

ZÜ von 11 rückwärts

11 ⊖ 2

11 ⊖ 1 ⊖ 1 ⊜ ☐

☐☐ ⊖ ☐

☐☐ ⊖ ☐ ⊖ ☐ ⊜ ☐

☐☐ ⊖ ☐

☐☐ ⊖ ☐ ⊖ ☐ ⊜ ☐

☐☐ ⊖ ☐

☐☐ ⊖ ☐ ⊖ ☐ ⊜ ☐

☐☐ ⊖ ☐

☐☐ ⊖ ☐ ⊖ ☐ ⊜ ☐

☐☐ ⊖ ☐

☐☐ ⊖ ☐ ⊖ ☐ ⊜ ☐

☐☐ ⊖ ☐

☐☐ ⊖ ☐ ⊖ ☐ ⊜ ☐

Von **11** rückwärts: Streiche selbst weg.

ZÜ von 11 rückwärts

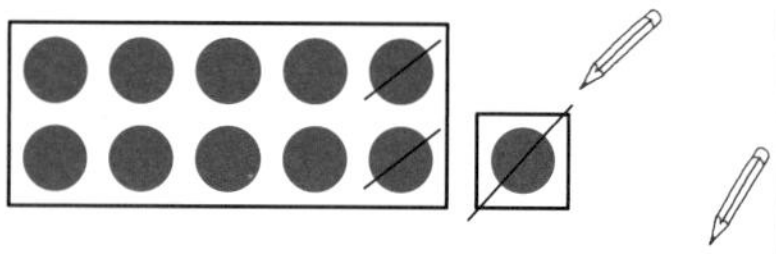

außen: 1 innen: 2 bleiben: 8

11 ⊖ 3 ⊜ ☐

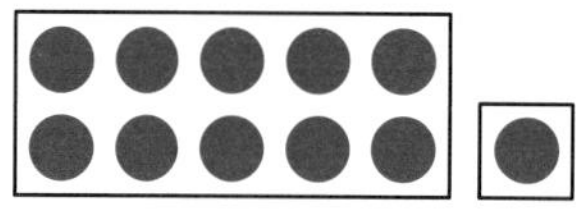

außen: ___ innen: ___ bleiben: ___

11 ⊖ 5 ⊜ ☐

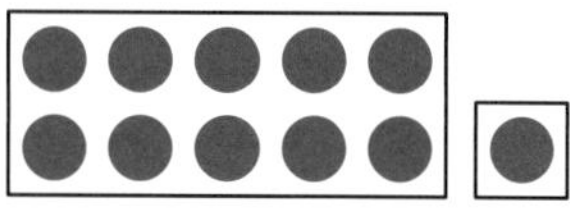

außen: ___ innen: ___ bleiben: ___

11 ⊖ 7 ⊜ ☐

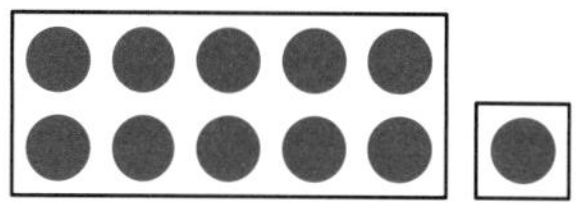

außen: ___ innen: ___ bleiben: ___

11 ⊖ 4 ⊜ ☐

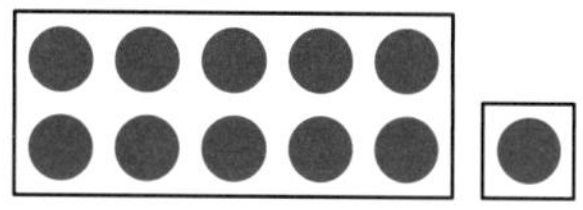

außen: ___ innen: ___ bleiben: ___

11 ⊖ 8 ⊜ ☐

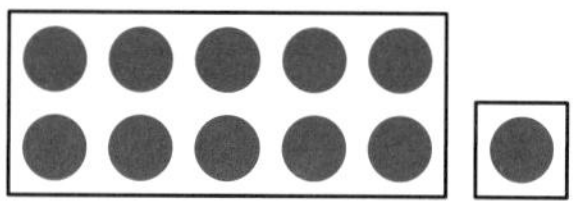

außen: ___ innen: ___ bleiben: ___

11 ⊖ 6 ⊜ ☐

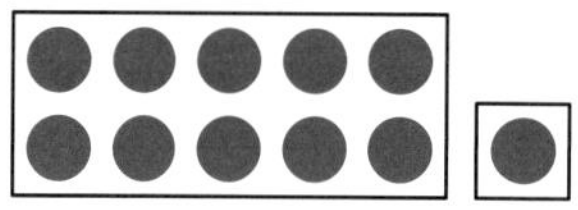

außen: ___ innen: ___ bleiben: ___

11 ⊖ 9 ⊜ ☐

Schreibe auf.

ZÜ von 11 rückwärts

11 ⊖ 8   1 außen   7 innen   3 bleiben ⊜ ☐

11 ⊖ 5   ☐ außen   ☐ innen   ☐ bleiben ⊜ ☐

11 ⊖ 4   ☐ außen   ☐ innen   ☐ bleiben ⊜ ☐

11 ⊖ 3   ☐ außen   ☐ innen   ☐ bleiben ⊜ ☐

11 ⊖ 7   ☐ außen   ☐ innen   ☐ bleiben ⊜ ☐

11 ⊖ 9   ☐ außen   ☐ innen   ☐ bleiben ⊜ ☐

11 ⊖ 6   ☐ außen   ☐ innen   ☐ bleiben ⊜ ☐

11 ⊖ 2   ☐ außen   ☐ innen   ☐ bleiben ⊜ ☐

Schneider: Rechnen ohne Stolperstein, Zehnerübergang mit Minus. Illustrationen: Kristina Klotz

Von **11** rückwärts über den Zehner: **„Eins außen, ... innen, ... bleiben.“**

ZÜ von 11 rückwärts

Aufgabe	außen:	innen:	bleiben:
11 − 2 = ☐	1	1	9
11 − 3 = ☐			
11 − 6 = ☐			
11 − 9 = ☐			
11 − 4 = ☐			
11 − 5 = ☐			
11 − 8 = ☐			
11 − 7 = ☐			

Von **11** rückwärts über den Zehner: **„Eins außen, ... innen, ... bleiben.“**

ZÜ von 11 rückwärts

Aufgabe	außen:	innen:	bleiben:
11 − 9 = ☐	1	8	2
11 − 8 = ☐			
11 − 7 = ☐			
11 − 6 = ☐			
11 − 5 = ☐			
11 − 4 = ☐			
11 − 3 = ☐			
11 − 2 = ☐			

Was gehört zusammen? Male gleich an.

ZÜ von 11 rückwärts

außen	innen	bleiben
1	5	5

9

außen	innen	bleiben
1	1	9

8

11 – 3 =

6

außen	innen	bleiben
1	4	6

11 – 2 =

außen	innen	bleiben
1	8	2

11 – 5 =

außen	innen	bleiben
1	6	4

11 – 7 =

11 – 8 =

außen	innen	bleiben
1	7	3

4

3

außen	innen	bleiben
1	2	8

5

11 – 6 =

außen	innen	bleiben
1	3	7

7

11 – 4 =

11 – 9 =

2

ZÜ von 11 rückwärts

11 ⊖ 2 ⊖ ☐☐

außen: 1   innen: 1   bleiben: 9

21 ⊖ 2 ⊜ ☐☐

31 ⊖ 2 ⊜ ☐☐

41 ⊖ 2 ⊜ ☐☐

51 ⊖ 2 ⊜ ☐☐

61 ⊖ 2 ⊜ ☐☐

71 ⊖ 2 ⊜ ☐☐

11 ⊖ 3 ⊜ ☐☐

außen: innen: bleiben:

21 ⊖ 3 ⊜ ☐☐

31 ⊖ 3 ⊜ ☐☐

41 ⊖ 3 ⊜ ☐☐

51 ⊖ 3 ⊜ ☐☐

61 ⊖ 3 ⊜ ☐☐

71 ⊖ 3 ⊜ ☐☐

100

ZÜ von 11 rückwärts

11 − 4 = __

außen: 1 innen: 3 bleiben: 7

21 − 4 = __

31 − 4 = __

41 − 4 = __

51 − 4 = __

61 − 4 = __

71 − 4 = __

11 − 5 = __

außen: innen: bleiben:

21 − 5 = __

31 − 5 = __

41 − 5 = __

51 − 5 = __

61 − 5 = __

71 − 5 = __

ZÜ von 11 rückwärts

11 − 6 = __

außen: 1 innen: 5 bleiben: 5

21 − 6 = __

31 − 6 = __

41 − 6 = __

51 − 6 = __

61 − 6 = __

71 − 6 = __

11 − 7 = __

außen: innen: bleiben:

21 − 7 = __

31 − 7 = __

41 − 7 = __

51 − 7 = __

61 − 7 = __

71 − 7 = __

ZÜ von 11 rückwärts

11 ⊖ 8 ⊜ ☐☐

außen: 1 innen: 7 bleiben: 3

21 ⊖ 8 ⊜ ☐☐

31 ⊖ 8 ⊜ ☐☐

41 ⊖ 8 ⊜ ☐☐

51 ⊖ 8 ⊜ ☐☐

61 ⊖ 8 ⊜ ☐☐

71 ⊖ 8 ⊜ ☐☐

11 ⊖ 9 ⊜ ☐☐

außen: innen: bleiben:

21 ⊖ 9 ⊜ ☐☐

31 ⊖ 9 ⊜ ☐☐

41 ⊖ 9 ⊜ ☐☐

51 ⊖ 9 ⊜ ☐☐

61 ⊖ 9 ⊜ ☐☐

71 ⊖ 9 ⊜ ☐☐

ZÜ von 11 rückwärts

11 ⊖ 2 ⊜ ☐
31 ⊖ 2 ⊜ ☐

außen: 1 innen: 1 bleiben: 9

11 ⊖ 3 ⊜ ☐
61 ⊖ 3 ⊜ ☐

außen: innen: bleiben:

11 ⊖ 6 ⊜ ☐
41 ⊖ 6 ⊜ ☐

außen: innen: bleiben:

11 ⊖ 5 ⊜ ☐
21 ⊖ 5 ⊜ ☐

außen: innen: bleiben:

11 ⊖ 9 ⊜ ☐
81 ⊖ 9 ⊜ ☐

außen: innen: bleiben:

11 ⊖ 8 ⊜ ☐
51 ⊖ 8 ⊜ ☐

außen: innen: bleiben:

11 ⊖ 7 ⊜ ☐
71 ⊖ 7 ⊜ ☐

außen: innen: bleiben:

11 ⊖ 4 ⊜ ☐
91 ⊖ 4 ⊜ ☐

außen: innen: bleiben:

Schneider: Rechnen ohne Stolperstein, Zehnerübergang mit Minus. Illustrationen: Kristina Klotz

Kleine Aufgabe, große Aufgabe?

ZÜ von 11 rückwärts

11 ⊖ 6 ⊜ ☐
außen: 1 innen: 5 bleiben: 5

11 ⊖ 3 ⊜ ☐
außen: innen: bleiben:

11 ⊖ 7 ⊜ ☐
außen: innen: bleiben:

11 ⊖ 9 ⊜ ☐
außen: innen: bleiben:

31 ⊖ 5 ⊜ ☐

21 ⊖ 3 ⊜ ☐

51 ⊖ 6 ⊜ ☐

81 ⊖ 2 ⊜ ☐

61 ⊖ 8 ⊜ ☐

71 ⊖ 7 ⊜ ☐

41 ⊖ 9 ⊜ ☐

91 ⊖ 4 ⊜ ☐

11 ⊖ 8 ⊜ ☐
außen: innen: bleiben:

11 ⊖ 5 ⊜ ☐
außen: innen: bleiben:

11 ⊖ 2 ⊜ ☐
außen: innen: bleiben:

11 ⊖ 4 ⊜ ☐
außen: innen: bleiben:

ZÜ von 11 rückwärts

41 ⊖ 2 ⊜ ☐☐
außen: 1 innen: 1 bleiben: 9

71 ⊖ 6 ⊜ ☐☐
außen: innen: bleiben:

31 ⊖ 4 ⊜ ☐☐
außen: innen: bleiben:

81 ⊖ 8 ⊜ ☐☐
außen: innen: bleiben:

51 ⊖ 6 ⊜ ☐☐
außen: innen: bleiben:

21 ⊖ 3 ⊜ ☐☐
außen: innen: bleiben:

91 ⊖ 9 ⊜ ☐☐
außen: innen: bleiben:

51 ⊖ 5 ⊜ ☐☐
außen: innen: bleiben:

61 ⊖ 7 ⊜ ☐☐
außen: innen: bleiben:

81 ⊖ 3 ⊜ ☐☐
außen: innen: bleiben:

ZÜ von 11 rückwärts

31 − 2 = ☐☐
außen: 1 innen: 1 bleiben: 9

91 − 3 = ☐☐
außen: innen: bleiben:

61 − 6 = ☐☐
außen: innen: bleiben:

81 − 9 = ☐☐
außen: innen: bleiben:

21 − 4 = ☐☐
außen: innen: bleiben:

41 − 5 = ☐☐
außen: innen: bleiben:

71 − 8 = ☐☐
außen: innen: bleiben:

51 − 7 = ☐☐
außen: innen: bleiben:

41 − 9 = ☐☐
außen: innen: bleiben:

61 − 5 = ☐☐
außen: innen: bleiben:

Was gehört zusammen? Male gleich an.

ZÜ von 11 rückwärts

Schneider: Rechnen ohne Stolperstein, Zehnerübergang mit Minus. Illustrationen: Kristina Klotz

Achtung: vorwärts und rückwärts springen!

ZÜ von 11 rückwärts

9 + 2 = ☐☐
innen: 1 außen: 1

11 − 4 = ☐
außen: innen: bleiben:

6 + 5 = ☐☐
innen: außen:

11 − 6 = ☐
außen: innen: bleiben:

3 + 9 = ☐☐
innen: außen:

11 − 8 = ☐
außen: innen: bleiben:

4 + 8 = ☐☐
innen: außen:

11 − 9 = ☐
außen: innen: bleiben:

Noch einmal: vorwärts und rückwärts springen!

ZÜ von 11 rückwärts

4 + 7 = ☐☐
innen: 6 außen: 1

11 − 3 = ☐
außen: innen: bleiben:

11 − 2 = ☐
außen: innen: bleiben:

8 + 6 = ☐☐
innen: außen:

9 + 5 = ☐☐
innen: außen:

11 − 5 = ☐
außen: innen: bleiben:

11 − 7 = ☐
außen: innen: bleiben:

7 + 4 = ☐☐
innen: außen:

Vorwärts und rückwärts – sportlich!

ZÜ von 11 rückwärts

39 + 3 = ☐☐
innen: 1 außen: 2

81 − 3 = ☐☐
außen: innen: bleiben:

68 + 5 = ☐☐
innen: außen:

41 − 2 = ☐☐
außen: innen: bleiben:

46 + 9 = ☐☐
innen: außen:

21 − 5 = ☐☐
außen: innen: bleiben:

24 + 7 = ☐☐
innen: außen:

61 − 7 = ☐☐
außen: innen: bleiben:

Vorwärts und rückwärts – das trainiert!

ZÜ von 11 rückwärts

51 − 5 = ☐☐
außen: 1 innen: 4 bleiben: 6

27 + 5 = ☐☐
innen: außen:

38 + 8 = ☐☐
innen: außen:

41 − 7 = ☐☐
außen: innen: bleiben:

91 − 6 = ☐☐
außen: innen: bleiben:

64 + 9 = ☐☐
innen: außen:

62 + 9 = ☐☐
innen: außen:

81 − 6 = ☐☐
außen: innen: bleiben:

Schneider: Rechnen ohne Stolperstein, Zehnerübergang mit Minus. Illustrationen: Kristina Klotz

Dieses Heft gehört:

____

ZÜ von 12 rückwärts

Von **12 rückwärts** über den Zehner

Wie viele bleiben in der Schachtel? Male Einer blau, die Zehnerschachtel rot.

ZÜ von 12 rückwärts

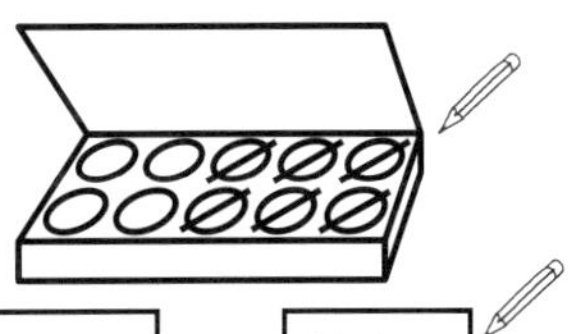

innen	bleiben
6	4

„Sechs innen, vier bleiben!"

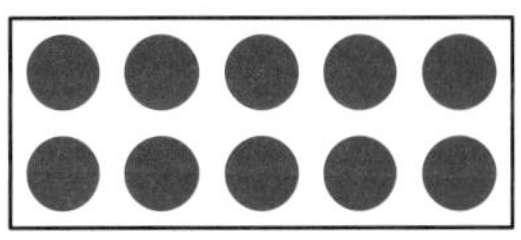

innen	bleiben
2	

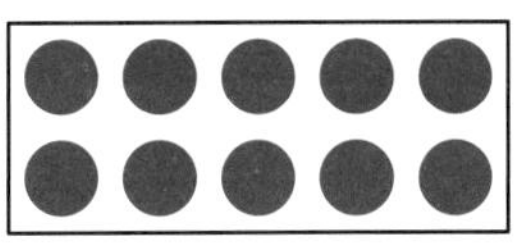

innen	bleiben
7	

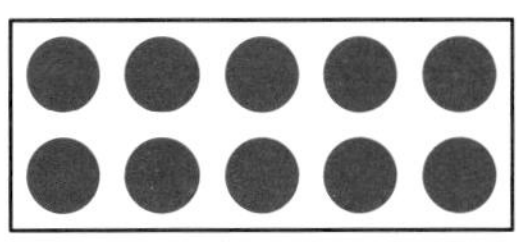

innen	bleiben
3	

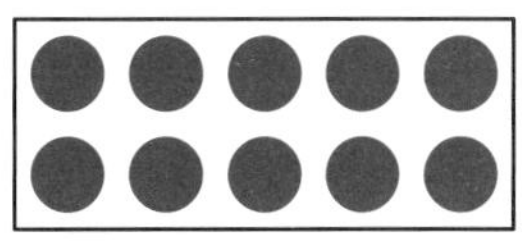

innen	bleiben
5	

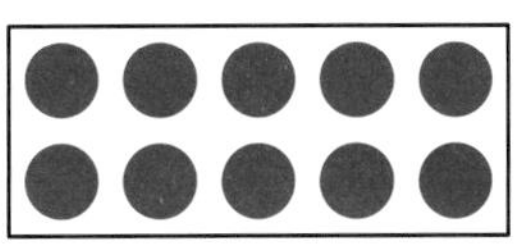

innen	bleiben
4	

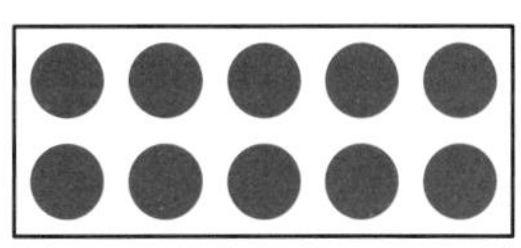

innen	bleiben
1	

Wie viele bleiben im Zehner?

ZÜ von 12 rückwärts

10	7	3
10	4	
10	6	
10	5	
10	2	
10	3	
10	8	

Zerlege immer in **2** und ... !

ZÜ von 12 rückwärts

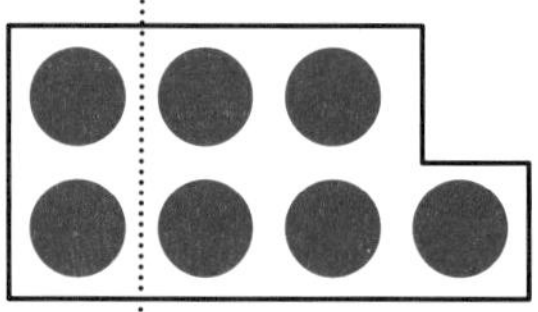

2	5

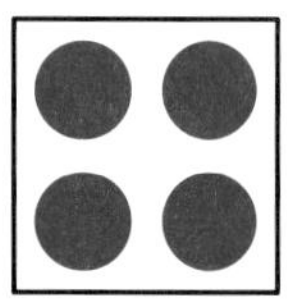

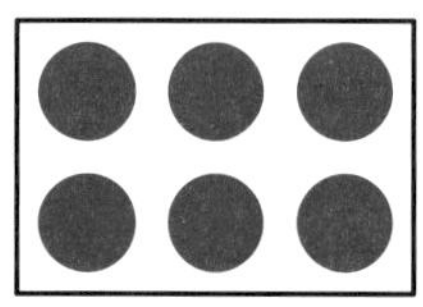

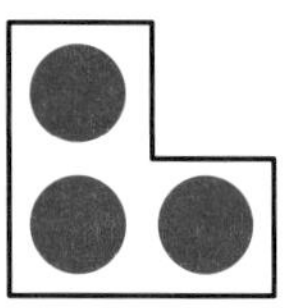

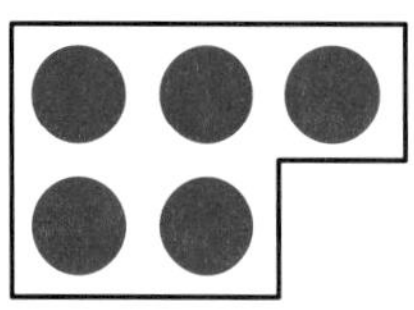

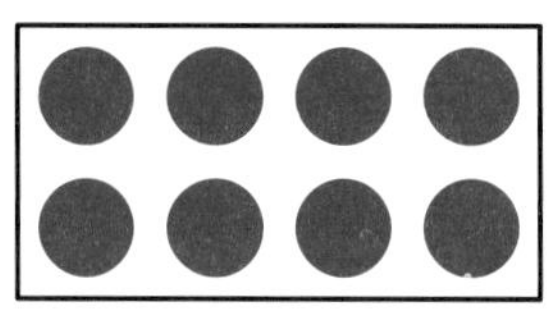

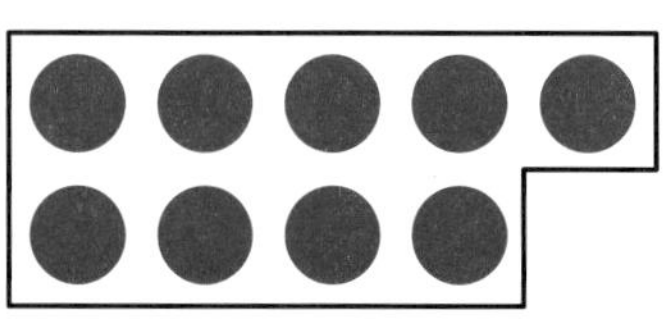

Schneider: Rechnen ohne Stolperstein, Zehnerübergang mit Minus. Illustrationen: Kristina Klotz

Zerlege immer in **2** und ... !

ZÜ von 12 rückwärts

6	2	4
8	2	
4	2	

9	2	
3	2	
7	2	
5	2	

Von **12** rückwärts über den Zehner: **„Zwei außen, ... innen, ... bleiben."**

ZÜ von 12 rückwärts

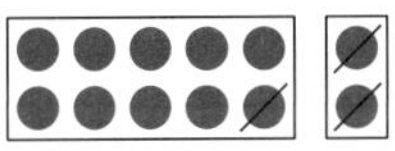

12 − 3

12 − 2 − 1 = ___

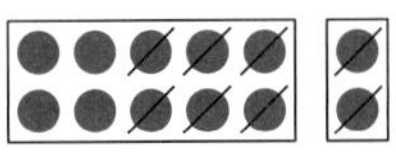

___ − ___

___ − ___ − ___ = ___

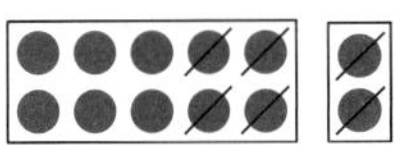

___ − ___

___ − ___ − ___ = ___

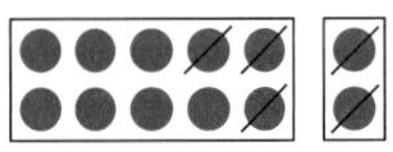

___ − ___

___ − ___ − ___ = ___

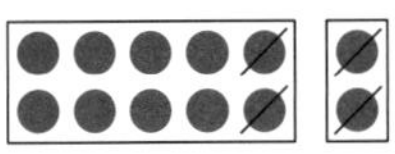

___ − ___

___ − ___ − ___ = ___

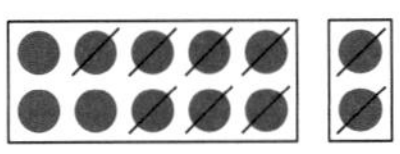

___ − ___

___ − ___ − ___ = ___

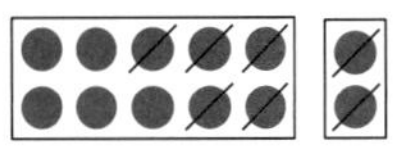

___ − ___

___ − ___ − ___ = ___

Von **12** rückwärts: Streiche selbst weg.

ZÜ von 12 rückwärts

außen: 2 innen: 1 bleiben: 9

12 − 3 = ☐

außen: ___ innen: ___ bleiben: ___

12 − 9 = ☐

außen: ___ innen: ___ bleiben: ___

12 − 5 = ☐

außen: ___ innen: ___ bleiben: ___

12 − 7 = ☐

außen: ___ innen: ___ bleiben: ___

12 − 6 = ☐

außen: ___ innen: ___ bleiben: ___

12 − 4 = ☐

außen: ___ innen: ___ bleiben: ___

12 − 8 = ☐

Schreibe auf.

ZÜ von 12 rückwärts

12 − 8	2 außen	6 innen	4 bleiben	= ☐
12 − 5	☐ außen	☐ innen	☐ bleiben	= ☐
12 − 4	☐ außen	☐ innen	☐ bleiben	= ☐
12 − 3	☐ außen	☐ innen	☐ bleiben	= ☐
12 − 7	☐ außen	☐ innen	☐ bleiben	= ☐
12 − 9	☐ außen	☐ innen	☐ bleiben	= ☐
12 − 6	☐ außen	☐ innen	☐ bleiben	= ☐
12 − 2	☐ außen	☐ innen	☐ bleiben	= ☐

Hoppla!

Von **12** rückwärts über den Zehner: **„Zwei außen, ... innen, ... bleiben.“**

ZÜ von 12 rückwärts

12 − 3 = ☐

außen: 2 innen: 1 bleiben: 9

12 − 2 = ☐

außen: innen: bleiben:

12 − 6 = ☐

außen: innen: bleiben:

12 − 9 = ☐

außen: innen: bleiben:

12 − 4 = ☐

außen: innen: bleiben:

12 − 5 = ☐

außen: innen: bleiben:

12 − 8 = ☐

außen: innen: bleiben:

12 − 7 = ☐

außen: innen: bleiben:

Von **12** rückwärts über den Zehner: **„Zwei außen, ... innen, ... bleiben.“**

ZÜ von 12 rückwärts

12 − 4 = ☐

außen: 2 innen: 2 bleiben: 8

12 − 8 = ☐

außen: innen: bleiben:

12 − 5 = ☐

außen: innen: bleiben:

12 − 9 = ☐

außen: innen: bleiben:

12 − 7 = ☐

außen: innen: bleiben:

12 − 3 = ☐

außen: innen: bleiben:

12 − 1 = ☐

außen: innen: bleiben:

12 − 6 = ☐

außen: innen: bleiben:

Was gehört zusammen? Male gleich an.

ZÜ von 12 rückwärts

außen	innen	bleiben
2	1	9

außen	innen	bleiben
2	4	6

12 − 5 =

9

12 − 3 =

7

außen	innen	bleiben
2	5	5

12 − 6 =

4

außen	innen	bleiben
2	3	7

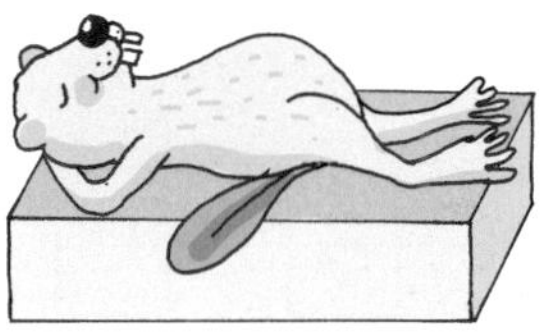

außen	innen	bleiben
2	6	4

12 − 8 =

12 − 4 =

8

3

12 − 7 =

5

außen	innen	bleiben
2	7	3

12 − 9 =

außen	innen	bleiben
2	2	8

6

Von **12** und **11** rückwärts über den Zehner: Verbinde gleiche Ergebnisse.

ZÜ von 12 rückwärts

Aufgabe	außen	innen	bleiben
12 − 3 = ☐	2	1	9
12 − 8 = ☐			
12 − 4 = ☐			
12 − 5 = ☐			
12 − 6 = ☐			

Aufgabe	außen	innen	bleiben
11 − 7 = ☐			
11 − 5 = ☐			
11 − 4 = ☐			
11 − 2 = ☐			
11 − 3 = ☐			

Schneider: Rechnen ohne Stolperstein, Zehnerübergang mit Minus. Illustrationen: Kristina Klotz

Zwei Aufgaben – ein Ergebnis!

ZÜ von 12 rückwärts

12 − 4 =

außen: 2 innen: 2 bleiben: 8

11 − 3 =

außen: innen: bleiben:

12 − 6 =

außen: innen: bleiben:

11 − 5 =

außen: innen: bleiben:

12 − 8 =

außen: innen: bleiben:

11 − 7 =

außen: innen: bleiben:

12 − 5 =

außen: innen: bleiben:

11 − 4 =

außen: innen: bleiben:

Zwei Aufgaben – ein Ergebnis! Was fehlt?

ZÜ von 12 rückwärts

12 − 3 =

außen: 2 innen: 1 bleiben: 9

11 − ☐ =

außen: innen: bleiben:

Ergebnis: 9

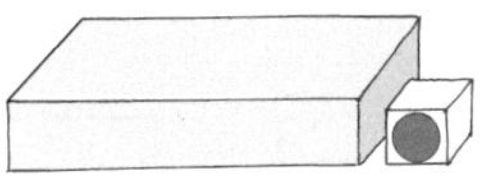

12 − ☐ =

außen: innen: bleiben:

11 − ☐ =

außen: innen: bleiben:

Ergebnis: 7

12 − ☐ =

außen: innen: bleiben:

11 − ☐ =

außen: innen: bleiben:

Ergebnis: 5

12 − ☐ =

außen: innen: bleiben:

11 − ☐ =

außen: innen: bleiben:

Ergebnis: 8

ZÜ von 12 rückwärts

12 − 3 = ☐☐

außen: 2 innen: 1 bleiben: 9

22 − 3 = ☐☐

32 − 3 = ☐☐

42 − 3 = ☐☐

52 − 3 = ☐☐

62 − 3 = ☐☐

72 − 3 = ☐☐

12 − 4 = ☐☐

außen: innen: bleiben:

22 − 4 = ☐☐

32 − 4 = ☐☐

42 − 4 = ☐☐

52 − 4 = ☐☐

62 − 4 = ☐☐

72 − 4 = ☐☐

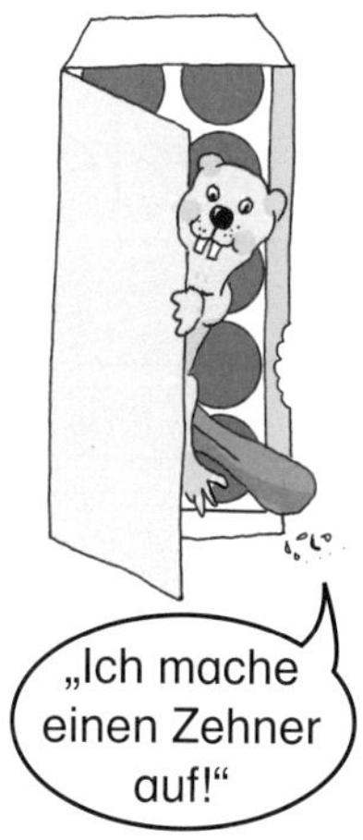

ZÜ von 12 rückwärts

12 − 5 = ☐☐

außen: 2 innen: 3 bleiben: 7

22 − 5 = ☐☐

32 − 5 = ☐☐

42 − 5 = ☐☐

52 − 5 = ☐☐

62 − 5 = ☐☐

72 − 5 = ☐☐

12 − 6 = ☐☐

außen: innen: bleiben:

22 − 6 = ☐☐

32 − 6 = ☐☐

42 − 6 = ☐☐

52 − 6 = ☐☐

62 − 6 = ☐☐

72 − 6 = ☐☐

ZÜ von 12 rückwärts

12 − 7 = ____

außen: 2 innen: 5 bleiben: 5

22 − 7 = ____

32 − 7 = ____

42 − 7 = ____

52 − 7 = ____

62 − 7 = ____

72 − 7 = ____

12 − 8 = ____

außen: innen: bleiben:

22 − 8 = ____

32 − 8 = ____

42 − 8 = ____

52 − 8 = ____

62 − 8 = ____

72 − 8 = ____

ZÜ von 12 rückwärts

12 − 9 = ____

außen: 2 innen: 7 bleiben: 3

22 − 9 = ____

32 − 9 = ____

42 − 9 = ____

52 − 9 = ____

62 − 9 = ____

72 − 9 = ____

12 − 3 = ____

32 − 3 = ____

außen: 2 innen: 1 bleiben: 9

12 − 6 = ____

52 − 6 = ____

außen: innen: bleiben:

12 − 8 = ____

42 − 8 = ____

außen: innen: bleiben:

ZÜ von 12 rückwärts

12 ⊖ 4 ⊜ ☐
32 ⊖ 4 ⊜ ☐
außen: 2 innen: 2 bleiben: 8

12 ⊖ 3 ⊜ ☐
62 ⊖ 3 ⊜ ☐
außen: innen: bleiben:

12 ⊖ 6 ⊜ ☐
42 ⊖ 6 ⊜ ☐
außen: innen: bleiben:

12 ⊖ 5 ⊜ ☐
22 ⊖ 5 ⊜ ☐
außen: innen: bleiben:

12 ⊖ 9 ⊜ ☐
82 ⊖ 9 ⊜ ☐
außen: innen: bleiben:

12 ⊖ 8 ⊜ ☐
52 ⊖ 8 ⊜ ☐
außen: innen: bleiben:

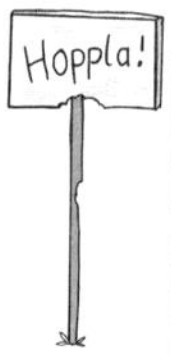

12 ⊖ 2 ⊜ ☐
72 ⊖ 2 ⊜ ☐
außen: innen: bleiben:

12 ⊖ 7 ⊜ ☐
92 ⊖ 7 ⊜ ☐
außen: innen: bleiben:

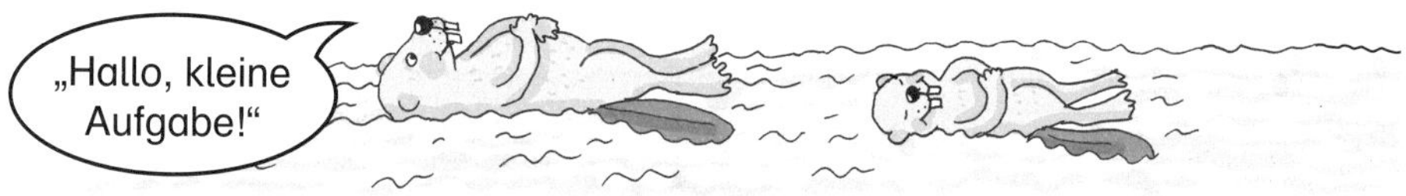

Kleine Aufgabe, große Aufgabe?

ZÜ von 12 rückwärts

12 ⊖ 6 ⊜ ☐
außen: 2 innen: 4 bleiben: 6

12 ⊖ 3 ⊜ ☐
außen: innen: bleiben:

12 ⊖ 7 ⊜ ☐
außen: innen: bleiben:

12 ⊖ 9 ⊜ ☐
außen: innen: bleiben:

32 ⊖ 5 ⊜ ☐
22 ⊖ 3 ⊜ ☐
52 ⊖ 6 ⊜ ☐
82 ⊖ 2 ⊜ ☐
62 ⊖ 8 ⊜ ☐
72 ⊖ 7 ⊜ ☐
42 ⊖ 9 ⊜ ☐
92 ⊖ 4 ⊜ ☐

12 ⊖ 8 ⊜ ☐
außen: innen: bleiben:

12 ⊖ 5 ⊜ ☐
außen: innen: bleiben:

2 ⊖ 2 ⊜ ☐
außen: innen: bleiben:

12 ⊖ 4 ⊜ ☐
außen: innen: bleiben:

Schneider: Rechnen ohne Stolperstein, Zehnerübergang mit Minus. Illustrationen: Kristina Klotz

ZÜ von 12 rückwärts

92 − 5 =	außen: 2	innen: 3	bleiben: 7
32 − 3 =	außen:	innen:	bleiben:
62 − 6 =	außen:	innen:	bleiben:
82 − 9 =	außen:	innen:	bleiben:
22 − 4 =	außen:	innen:	bleiben:
42 − 2 =	außen:	innen:	bleiben:
72 − 8 =	außen:	innen:	bleiben:
52 − 7 =	außen:	innen:	bleiben:

ZÜ von 12 rückwärts

32 − 5 =	außen: 2	innen: 3	bleiben: 7
92 − 3 =	außen:	innen:	bleiben:
62 − 5 =	außen:	innen:	bleiben:
82 − 7 =	außen:	innen:	bleiben:
22 − 3 =	außen:	innen:	bleiben:
42 − 5 =	außen:	innen:	bleiben:
72 − 6 =	außen:	innen:	bleiben:
52 − 8 =	außen:	innen:	bleiben:

Was gehört zusammen? Male gleich an.

ZÜ von 12 rückwärts

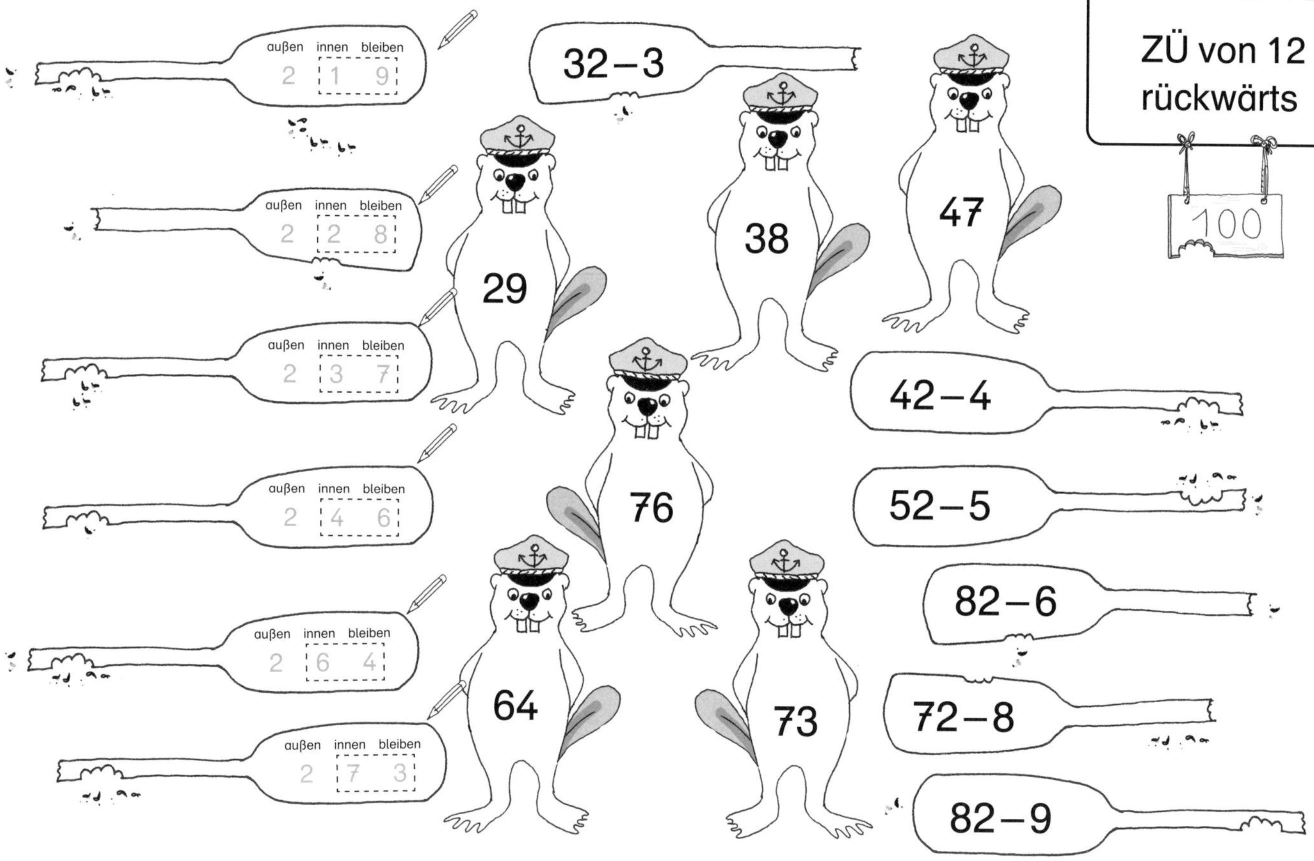

ZÜ von 12 rückwärts

42 − 5 = ☐☐
außen: 2 innen: 3 bleiben: 7

21 − 9 = ☐☐
außen: innen: bleiben:

91 − 6 = ☐☐
außen: innen: bleiben:

62 − 8 = ☐☐
außen: innen: bleiben:

32 − 4 = ☐☐
außen: innen: bleiben:

51 − 7 = ☐☐
außen: innen: bleiben:

81 − 8 = ☐☐
außen: innen: bleiben:

62 − 5 = ☐☐
außen: innen: bleiben:

32 − 7 = ☐☐
außen: innen: bleiben:

71 − 4 = ☐☐
außen: innen: bleiben:

Verbinde gleiche Ergebnisse.

ZÜ von 12 rückwärts

42 − 3 = ☐☐
außen: 2 innen: 1 bleiben: 9

62 − 8 = ☐☐
außen: innen: bleiben:

92 − 4 = ☐☐
außen: innen: bleiben:

22 − 5 = ☐☐
außen: innen: bleiben:

32 − 6 = ☐☐
außen: innen: bleiben:

61 − 7 = ☐☐
außen: innen: bleiben:

31 − 5 = ☐☐
außen: innen: bleiben:

21 − 4 = ☐☐
außen: innen: bleiben:

41 − 2 = ☐☐
außen: innen: bleiben:

91 − 3 = ☐☐
außen: innen: bleiben:

„Sprich laut mit!"

Zwei Aufgaben – ein Ergebnis! Was fehlt?

ZÜ von 12 rückwärts

32 − ☐ =
außen: 2 innen: 1 bleiben: 9

31 − ☐ =
außen: innen: bleiben:

29

42 − ☐ =
außen: innen: bleiben:

41 − ☐ =
außen: innen: bleiben:

38

„Von **2** und **1** außen rückwärts!"

62 − ☐ =
außen: innen: bleiben:

61 − ☐ =
außen: innen: bleiben:

57

92 − ☐ =
außen: innen: bleiben:

91 − ☐ =
außen: innen: bleiben:

86

Achtung: vorwärts und rückwärts springen!

ZÜ von 12 rückwärts

4 + 7 = ☐☐
innen: 6 außen: 1

8 + 6 = ☐☐
innen: außen:

9 + 5 = ☐☐
innen: außen:

7 + 4 = ☐☐
innen: außen:

12 − 3 = ☐
außen: innen: bleiben:

11 − 4 = ☐
außen: innen: bleiben:

12 − 5 = ☐
außen: innen: bleiben:

12 − 7 = ☐
außen: innen: bleiben:

Noch einmal: vorwärts und rückwärts springen!

ZÜ von 12 rückwärts

9 + 2 = ☐☐
innen: 1 außen: 1

12 − 4 = ☐
außen: innen: bleiben:

12 − 6 = ☐
außen: innen: bleiben:

6 + 5 = ☐☐
innen: außen:

3 + 9 = ☐☐
innen: außen:

11 − 8 = ☐
außen: innen: bleiben:

12 − 9 = ☐
außen: innen: bleiben:

4 + 8 = ☐☐
innen: außen:

Schneider: Rechnen ohne Stolperstein, Zehnerübergang mit Minus. Illustrationen: Kristina Klotz

Vorwärts und rückwärts – sportlich!

ZÜ von 12 rückwärts

39 + 3 = ☐☐
innen: 1 außen: 2

82 − 3 = ☐☐
außen: innen: bleiben:

68 + 5 = ☐☐
innen: außen:

41 − 4 = ☐☐
außen: innen: bleiben:

46 + 9 = ☐☐
innen: außen:

22 − 5 = ☐☐
außen: innen: bleiben:

„Innen, außen!“

„Außen, innen, bleiben!“

24 + 7 = ☐☐
innen: außen:

62 − 7 = ☐☐
außen: innen: bleiben:

Vorwärts und rückwärts – das trainiert!

ZÜ von 12 rückwärts

27 + 8 = ☐☐
innen: 3 außen: 5

52 − 3 = ☐☐
außen: innen: bleiben:

42 − 7 = ☐☐
außen: innen: bleiben:

38 + 6 = ☐☐
innen: außen:

62 + 9 = ☐☐
innen: außen:

82 − 4 = ☐☐
außen: innen: bleiben:

91 − 6 = ☐☐
außen: innen: bleiben:

64 + 8 = ☐☐
innen: außen:

Dieses Heft gehört:

____

ZÜ von 13 rückwärts

Von **13 rückwärts** über den Zehner

Wie viele bleiben in der Schachtel? Male Einer blau, die Zehnerschachtel rot.

ZÜ von 13 rückwärts

innen	bleiben
6	4

„Sechs innen, vier bleiben!“

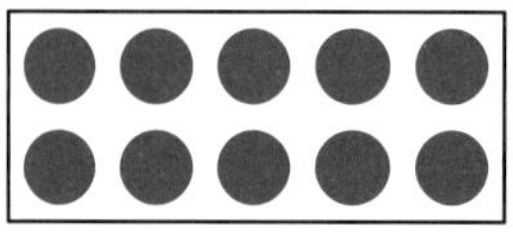

innen	bleiben
3	

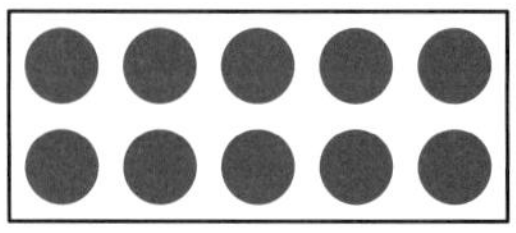

innen	bleiben
2	

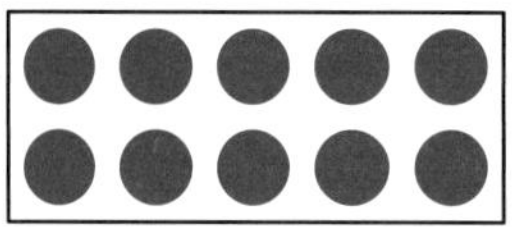

innen	bleiben
7	

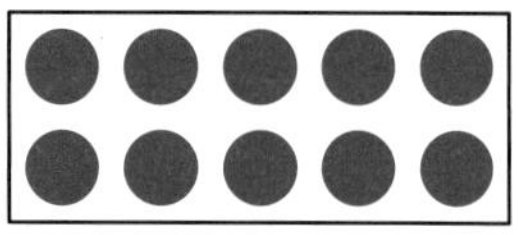

innen	bleiben
4	

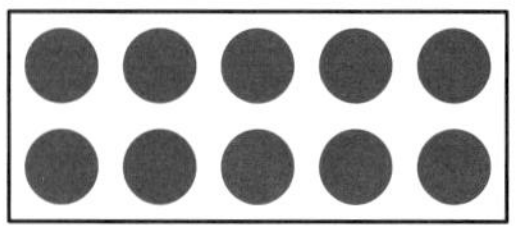

innen	bleiben
5	

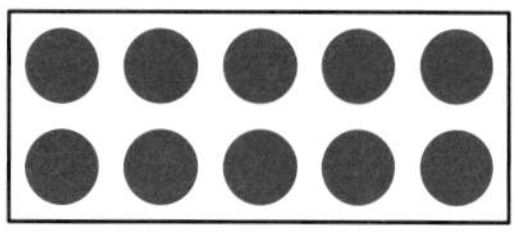

innen	bleiben
1	

Schneider: Rechnen ohne Stolperstein, Zehnerübergang mit Minus. Illustrationen: Kristina Klotz

Zerlege immer in **3** und ... !

ZÜ von 13 rückwärts

4	3	1
5	3	
9	3	
8	3	
7	3	
6	3	

3 4

Von **13** rückwärts über den Zehner: **„Drei außen, ... innen, ... bleiben.“**

ZÜ von 13 rückwärts

13 ⊖ 4

13 ⊖ 3 ⊖ 1 ⊜

Von **13** rückwärts: Streiche selbst weg.

ZÜ von 13 rückwärts

außen: 3 innen: 1 bleiben: 9

13 − 4 = ☐

außen: ___ innen: ___ bleiben: ___

13 − 5 = ☐

außen: ___ innen: ___ bleiben: ___

13 − 9 = ☐

außen: ___ innen: ___ bleiben: ___

13 − 7 = ☐

außen: ___ innen: ___ bleiben: ___

13 − 6 = ☐

außen: ___ innen: ___ bleiben: ___

13 − 8 = ☐

Schreibe auf.

ZÜ von 13 rückwärts

13 − 8 ☐ außen ☐ innen ☐ bleiben = ☐

13 − 5 ☐ außen ☐ innen ☐ bleiben = ☐

13 − 4 ☐ außen ☐ innen ☐ bleiben = ☐

13 − 6 ☐ außen ☐ innen ☐ bleiben = ☐

13 − 7 ☐ außen ☐ innen ☐ bleiben = ☐

13 − 9 ☐ außen ☐ innen ☐ bleiben = ☐

13 − 2 ☐ außen ☐ innen ☐ bleiben = ☐

13 − 3 ☐ außen ☐ innen ☐ bleiben = ☐

Schneider: Rechnen ohne Stolperstein, Zehnerübergang mit Minus. Illustrationen: Kristina Klotz

Von **13** rückwärts über den Zehner: **„Drei außen, ... innen, ... bleiben.“**

ZÜ von 13 rückwärts

13 − 4 = ☐
außen: 3 innen: 1 bleiben: 9

13 − 6 = ☐
außen: innen: bleiben:

13 − 2 = ☐
außen: innen: bleiben:

13 − 8 = ☐
außen: innen: bleiben:

13 − 9 = ☐
außen: innen: bleiben:

13 − 7 = ☐
außen: innen: bleiben:

Von **13** rückwärts über den Zehner: **„Drei außen, ... innen, ... bleiben.“**

ZÜ von 13 rückwärts

13 − 4 = ☐
außen: 3 innen: 1 bleiben: 9

13 − 2 = ☐
außen: innen: bleiben:

13 − 6 = ☐
außen: innen: bleiben:

13 − 9 = ☐
außen: innen: bleiben:

13 − 7 = ☐
außen: innen: bleiben:

13 − 5 = ☐
außen: innen: bleiben:

13 − 8 = ☐
außen: innen: bleiben:

13 − 0 = ☐
außen: innen: bleiben:

Was gehört zusammen? Male gleich an.

ZÜ von 13 rückwärts

außen innen bleiben: 3 1 9

13 – 4 =

9

außen innen bleiben: 3 4 6

13 – 8 =

8

13 – 5 =

13 – 6 =

6

außen innen bleiben: 3 6 4

außen innen bleiben: 3 3 7

4

7

13 – 7 =

5

außen innen bleiben: 3 5 5

13 – 9 =

außen innen bleiben: 3 2 8

Von **13** und **12** rückwärts über den Zehner: Verbinde gleiche Ergebnisse!

ZÜ von 13 rückwärts

12 – 3 = ☐
außen: 2 innen: 1 bleiben: 9

12 – 8 = ☐
außen: innen: bleiben:

12 – 4 = ☐
außen: innen: bleiben:

12 – 5 = ☐
außen: innen: bleiben:

12 – 6 = ☐
außen: innen: bleiben:

13 – 7 = ☐
außen: innen: bleiben:

13 – 5 = ☐
außen: innen: bleiben:

13 – 4 = ☐
außen: innen: bleiben:

13 – 6 = ☐
außen: innen: bleiben:

13 – 9 = ☐
außen: innen: bleiben:

„**2** oder **3** außen?“

Schneider: Rechnen ohne Stolperstein, Zehnerübergang mit Minus. Illustrationen: Kristina Klotz

Von **13, 12** und **11** rückwärts über den Zehner:
Verbinde Rechnungen mit gleichen Ergebnissen.

ZÜ von 13 rückwärts

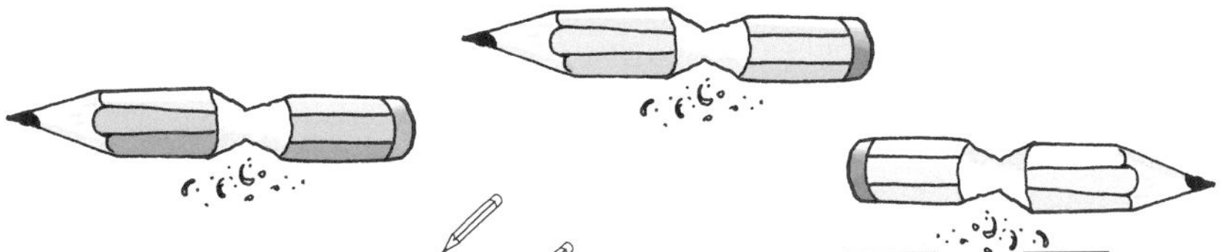

13 − 7 = ☐ — außen: 3 innen: 4 bleiben: 6

12 − 6 = ☐ — außen: innen: bleiben:

11 − 5 = ☐ — außen: innen: bleiben:

13 − 9 = ☐ — außen: innen: bleiben:

12 − 7 = ☐ — außen: innen: bleiben:

11 − 7 = ☐ — außen: innen: bleiben:

13 − 8 = ☐ — außen: innen: bleiben:

12 − 8 = ☐ — außen: innen: bleiben:

11 − 6 = ☐ — außen: innen: bleiben:

13 − 6 = ☐ — außen: innen: bleiben:

12 − 5 = ☐ — außen: innen: bleiben:

11 − 4 = ☐ — außen: innen: bleiben:

Drei Aufgaben – ein Ergebnis! Was fehlt?

ZÜ von 13 rückwärts

Ergebnis 6:

13 − ☐ = — außen: innen: bleiben:

12 − 6 = — außen: 2 innen: 4 bleiben: 6

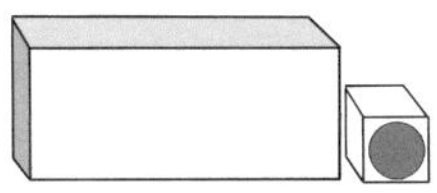

11 − ☐ = — außen: innen: bleiben:

Ergebnis 4:

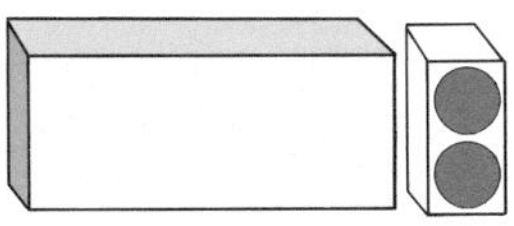

13 − ☐ = — außen: innen: bleiben:

12 − ☐ = — außen: innen: bleiben:

11 − ☐ = — außen: innen: bleiben:

Ergebnis 5:

13 − ☐ = — außen: innen: bleiben:

12 − ☐ = — außen: innen: bleiben:

11 − ☐ = — außen: innen: bleiben:

ZÜ von 13 rückwärts

13 − 4 = ___

außen: 3 innen: 1 bleiben: 9

13 − 5 = ___

außen: innen: bleiben:

23 − 4 = ___

23 − 5 = ___

33 − 4 = ___

33 − 5 = ___

43 − 4 = ___

43 − 5 = ___

53 − 4 = ___

53 − 5 = ___

63 − 4 = ___

63 − 5 = ___

73 − 4 = ___

73 − 5 = ___

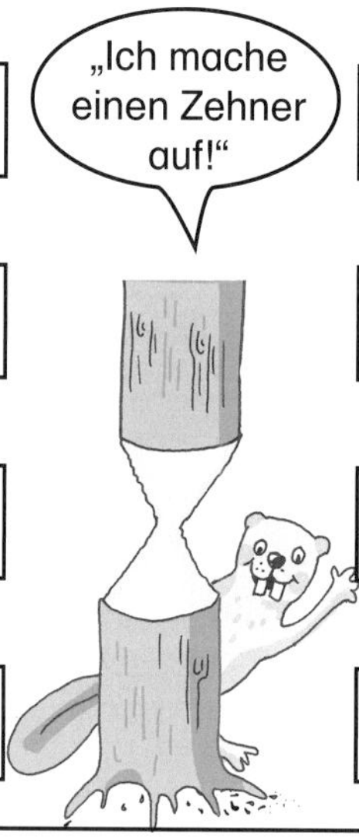

ZÜ von 13 rückwärts

13 − 6 = ___

außen: 3 innen: 3 bleiben: 7

13 − 7 = ___

außen: innen: bleiben:

23 − 6 = ___

23 − 7 = ___

33 − 6 = ___

33 − 7 = ___

43 − 6 = ___

43 − 7 = ___

53 − 6 = ___

53 − 7 = ___

63 − 6 = ___

63 − 7 = ___

73 − 6 = ___

73 − 7 = ___

Schneider: Rechnen ohne Stolperstein, Zehnerübergang mit Minus. Illustrationen: Kristina Klotz

ZÜ von 13 rückwärts

13 − 8 = ☐☐

außen: 3 innen: 5 bleiben: 5

23 − 8 = ☐☐

33 − 8 = ☐☐

43 − 8 = ☐☐

53 − 8 = ☐☐

63 − 8 = ☐☐

73 − 8 = ☐☐

13 − 9 = ☐☐

außen: innen: bleiben:

23 − 9 = ☐☐

33 − 9 = ☐☐

43 − 9 = ☐☐

53 − 9 = ☐☐

63 − 9 = ☐☐

73 − 9 = ☐☐

„Achtung, Zehner!“

ZÜ von 13 rückwärts

13 − 4 = ☐
33 − 4 = ☐

außen: 3 innen: 1 bleiben: 9

13 − 3 = ☐
63 − 3 = ☐

außen: innen: bleiben:

13 − 6 = ☐
43 − 6 = ☐

außen: innen: bleiben:

13 − 5 = ☐
23 − 5 = ☐

außen: innen: bleiben:

13 − 9 = ☐
83 − 9 = ☐

außen: innen: bleiben:

13 − 8 = ☐
53 − 8 = ☐

außen: innen: bleiben:

13 − 7 = ☐
73 − 7 = ☐

außen: innen: bleiben:

13 − 2 = ☐
93 − 2 = ☐

außen: innen: bleiben:

„Hallo, kleine Aufgabe!“

Kleine Aufgabe, große Aufgabe?

ZÜ von 13 rückwärts

13 − 6 = ☐
außen: 3 innen: 3 bleiben: 7

13 − 8 = ☐
außen: innen: bleiben:

13 − 7 = ☐
außen: innen: bleiben:

33 − 5 = ☐
23 − 6 = ☐
53 − 8 = ☐
83 − 4 = ☐
63 − 8 = ☐
73 − 7 = ☐
43 − 9 = ☐
93 − 6 = ☐

13 − 9 = ☐
außen: innen: bleiben:

13 − 4 = ☐
außen: innen: bleiben:

13 − 5 = ☐
außen: innen: bleiben:

ZÜ von 13 rückwärts

43 − 5 = ☐☐
außen: 3 innen: 2 bleiben: 8

93 − 6 = ☐☐
außen: innen: bleiben:

33 − 4 = ☐☐
außen: innen: bleiben:

83 − 8 = ☐☐
außen: innen: bleiben:

33 − 7 = ☐☐
außen: innen: bleiben:

23 − 9 = ☐☐
außen: innen: bleiben:

63 − 8 = ☐☐
außen: innen: bleiben:

53 − 7 = ☐☐
außen: innen: bleiben:

63 − 5 = ☐☐
außen: innen: bleiben:

73 − 4 = ☐☐
außen: innen: bleiben:

Schneider: Rechnen ohne Stolperstein, Zehnerübergang mit Minus. Illustrationen: Kristina Klotz

Was gehört zusammen? Male gleich an.

ZÜ von 13 rückwärts

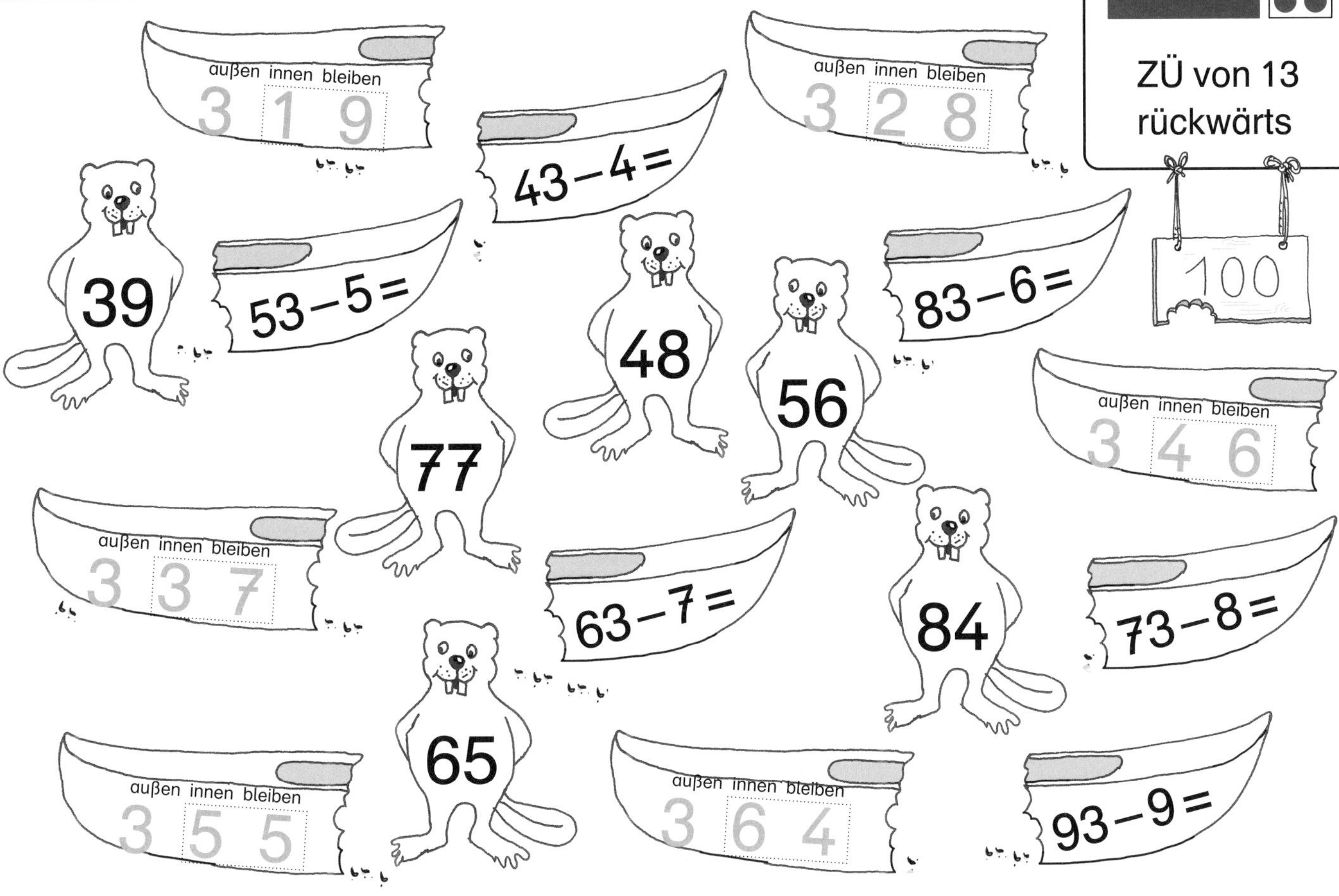

ZÜ von 13 rückwärts

100

42 − 5 = ☐☐	23 − 9 = ☐☐
außen: 2 innen: 3 bleiben: 7	außen: innen: bleiben:
93 − 6 = ☐☐	62 − 8 = ☐☐
außen: innen: bleiben:	außen: innen: bleiben:
32 − 4 = ☐☐	53 − 7 = ☐☐
außen: innen: bleiben:	außen: innen: bleiben:
83 − 8 = ☐☐	62 − 5 = ☐☐
außen: innen: bleiben:	außen: innen: bleiben:
32 − 7 = ☐☐	73 − 4 = ☐☐
außen: innen: bleiben:	außen: innen: bleiben:

Drei Aufgaben – ein Ergebnis!

ZÜ von 13 rückwärts

73 − 4 =

außen: innen: bleiben:

72 − 3 =

außen: 2 innen: 1 bleiben: 9

71 − 2 =

außen: innen: bleiben:

53 − 7 =

außen: innen: bleiben:

52 − 6 =

außen: innen: bleiben:

51 − 5 =

außen: innen: bleiben:

23 − 9 =

außen: innen: bleiben:

22 − 8 =

außen: innen: bleiben:

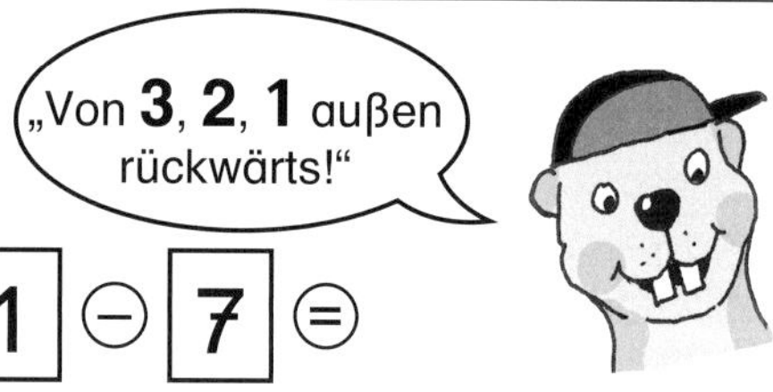

21 − 7 =

außen: innen: bleiben:

Drei Aufgaben – ein Ergebnis! Was fehlt?

ZÜ von 13 rückwärts

73 − ☐ =

außen: innen: bleiben:

72 − 4 =

außen: 2 innen: 2 bleiben: 8

68

71 − ☐ =

außen: innen: bleiben:

53 − ☐ =

außen: innen: bleiben:

51 − ☐ =

außen: innen: bleiben:

49

52 − ☐ =

außen: innen: bleiben:

23 − ☐ =

außen: innen: bleiben:

22 − ☐ =

außen: innen: bleiben:

16

21 − ☐ =

außen: innen: bleiben:

Schneider: Rechnen ohne Stolperstein, Zehnerübergang mit Minus. Illustrationen: Kristina Klotz

Achtung: vorwärts und rückwärts springen!

ZÜ von 13 rückwärts

5 ⊕ 7 ⊜ ☐☐
innen: 5 außen: 2

13 ⊖ 4 ⊜ ☐☐
außen: innen: bleiben:

9 ⊕ 6 ⊜ ☐☐
innen: außen:

12 ⊖ 6 ⊜ ☐☐
außen: innen: bleiben:

6 ⊕ 5 ⊜ ☐☐
innen: außen:

13 ⊖ 5 ⊜ ☐☐
außen: innen: bleiben:

8 ⊕ 4 ⊜ ☐☐
innen: außen:

11 ⊖ 7 ⊜ ☐☐
außen: innen: bleiben:

Noch einmal: vorwärts und rückwärts springen!

ZÜ von 13 rückwärts

9 ⊕ 3 ⊜ ☐☐
innen: 1 außen: 2

11 ⊖ 5 ⊜ ☐☐
außen: innen: bleiben:

13 ⊖ 6 ⊜ ☐☐
außen: innen: bleiben:

6 ⊕ 7 ⊜ ☐☐
innen: außen:

3 ⊕ 8 ⊜ ☐☐
innen: außen:

13 ⊖ 8 ⊜ ☐☐
außen: innen: bleiben:

12 ⊖ 9 ⊜ ☐☐
außen: innen: bleiben:

4 ⊕ 7 ⊜ ☐☐
innen: außen:

Vorwärts und rückwärts – sportlich!

ZÜ von 13 rückwärts

39 + 3 = ☐☐
innen: 1 außen: 2

33 − 5 = ☐☐
außen: innen: bleiben:

63 − 4 = ☐☐
innen: außen:

48 + 7 = ☐☐
außen: innen: bleiben:

87 + 5 = ☐☐
innen: außen:

23 − 7 = ☐☐
außen: innen: bleiben:

43 − 6 = ☐☐
innen: außen:

46 + 8 = ☐☐
außen: innen: bleiben:

Vorwärts und rückwärts – das trainiert!

ZÜ von 13 rückwärts

29 + 8 = ☐☐
innen: 1 außen: 7

53 − 9 = ☐☐
außen: innen: bleiben:

41 − 7 = ☐☐
außen: innen: bleiben:

37 + 6 = ☐☐
innen: außen:

63 + 9 = ☐☐
innen: außen:

82 − 6 = ☐☐
außen: innen: bleiben:

93 − 8 = ☐☐
außen: innen: bleiben:

63 + 8 = ☐☐
innen: außen:

Schneider: Rechnen ohne Stolperstein, Zehnerübergang mit Minus. Illustrationen: Kristina Klotz

Dieses Heft gehört:

____

ZÜ von 14 rückwärts

Von **14** **rückwärts** über den Zehner

Wie viele bleiben in der Schachtel? Male Einer blau, die Zehnerschachtel rot.

ZÜ von 14 rückwärts

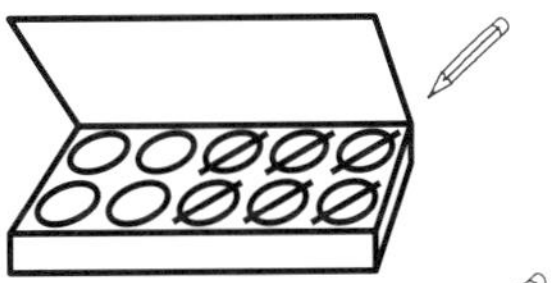

innen	bleiben
6	4

„Sechs innen, vier bleiben!"

innen	bleiben
1	

innen	bleiben
4	

innen	bleiben
8	

innen	bleiben
2	

innen	bleiben
5	

innen	bleiben
3	

Zerlege immer in 4 und ... !

ZÜ von 14 rückwärts

4 | 3

5	4	1
9	4	
8	4	
7	4	
6	4	

Von **14** rückwärts über den Zehner: **„Vier außen, ... innen, ... bleiben.“**

ZÜ von 14 rückwärts

14 ⊖ 5

14 ⊖ 4 ⊖ 1 ⊜ ☐

Schneider: Rechnen ohne Stolperstein, Zehnerübergang mit Minus. Illustrationen: Kristina Klotz

Von **14** rückwärts: Male die Rechnung.

ZÜ von 14 rückwärts

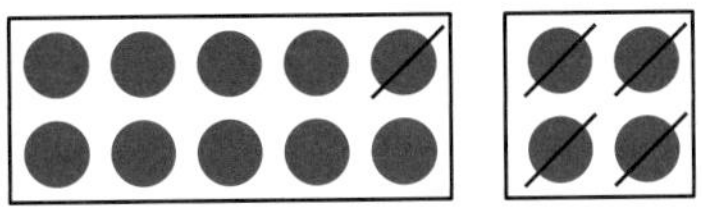

außen: 4 innen: 1 bleiben: 9

14 ⊖ 5 ⊜ ☐

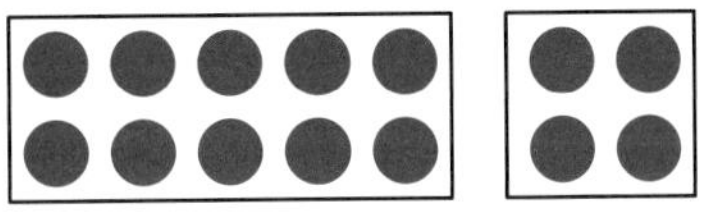

außen: ___ innen: ___ bleiben: ___

14 ⊖ 7 ⊜ ☐

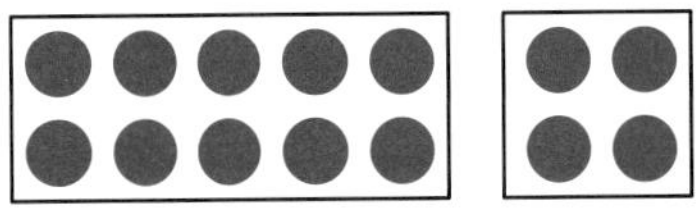

außen: ___ innen: ___ bleiben: ___

14 ⊖ 6 ⊜ ☐

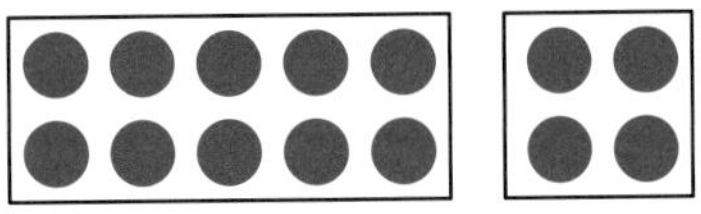

außen: ___ innen: ___ bleiben: ___

14 ⊖ 9 ⊜ ☐

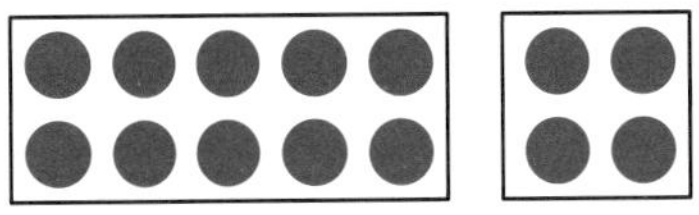

außen: ___ innen: ___ bleiben: ___

14 ⊖ 8 ⊜ ☐

Schreibe auf.

ZÜ von 14 rückwärts

14 ⊖ 8	4	außen	4	innen	6	bleiben	⊜ ☐
14 ⊖ 5	☐	außen	☐	innen	☐	bleiben	⊜ ☐
14 ⊖ 6	☐	außen	☐	innen	☐	bleiben	⊜ ☐
14 ⊖ 9	☐	außen	☐	innen	☐	bleiben	⊜ ☐
14 ⊖ 7	☐	außen	☐	innen	☐	bleiben	⊜ ☐
14 ⊖ 4	☐	außen	☐	innen	☐	bleiben	⊜ ☐

Von **14** rückwärts über den Zehner: **„Vier außen, ... innen, ... bleiben."**

ZÜ von 14 rückwärts

14 − 5 = ☐
außen: 4 innen: 1 bleiben: 9

14 − 8 = ☐
außen: innen: bleiben:

14 − 6 = ☐
außen: innen: bleiben:

14 − 7 = ☐
außen: innen: bleiben:

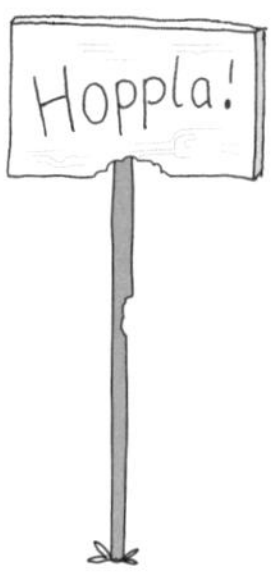

14 − 2 = ☐
außen: innen: bleiben:

14 − 9 = ☐
außen: innen: bleiben:

14 − 4 = ☐
außen: innen: bleiben:

Von **14** rückwärts über den Zehner: **„Vier außen, ... innen, ... bleiben."**

ZÜ von 14 rückwärts

14 − 5 = ☐
außen: 4 innen: 1 bleiben: 9

14 − 8 = ☐
außen: innen: bleiben:

14 − 6 = ☐
außen: innen: bleiben:

14 − 0 = ☐
außen: innen: bleiben:

14 − 7 = ☐
außen: innen: bleiben:

14 − 6 = ☐
außen: innen: bleiben:

14 − 3 = ☐
außen: innen: bleiben:

14 − 1 = ☐
außen: innen: bleiben:

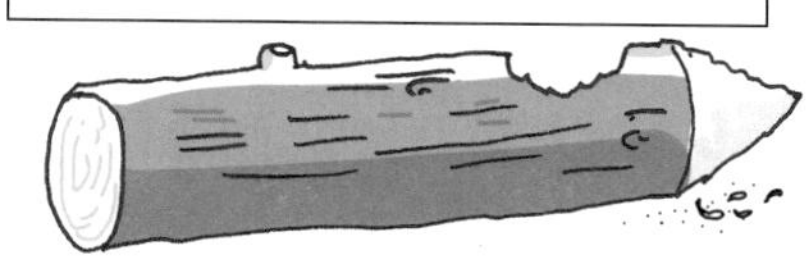

Schneider: Rechnen ohne Stolperstein, Zehnerübergang mit Minus. Illustrationen: Kristina Klotz

Was gehört zusammen? Male gleich an.

ZÜ von 14 rückwärts

außen	innen	bleiben
4	1	9

9

14 – 8 =

außen	innen	bleiben
4	2	8

außen	innen	bleiben
4	4	6

14 – 5 =

14 – 9 =

14 – 7 =

6

außen	innen	bleiben
4	3	7

8

außen	innen	bleiben
4	5	5

7

14 – 6 =

5

Von **14** und **13** rückwärts über den Zehner: Verbinde gleiche Ergebnisse.

ZÜ von 14 rückwärts

14 ⊖ 5 ⊜ ☐
außen: 4 innen: 1 bleiben: 9

14 ⊖ 8 ⊜ ☐
außen: innen: bleiben:

14 ⊖ 7 ⊜ ☐
außen: innen: bleiben:

14 ⊖ 9 ⊜ ☐
außen: innen: bleiben:

14 ⊖ 6 ⊜ ☐
außen: innen: bleiben:

„**4** oder **3** außen!“

13 ⊖ 7 ⊜ ☐
außen: innen: bleiben:

13 ⊖ 5 ⊜ ☐
außen: innen: bleiben:

13 ⊖ 4 ⊜ ☐
außen: innen: bleiben:

13 ⊖ 6 ⊜ ☐
außen: innen: bleiben:

13 ⊖ 8 ⊜ ☐
außen: innen: bleiben:

Zwei Aufgaben – ein Ergebnis! Was fehlt?

ZÜ von 14 rückwärts

7

13 − 6 =

außen: 3 innen: 3 bleiben: 7

14 − ☐ =

außen: innen: bleiben:

9

14 − ☐ =

außen: innen: bleiben:

13 − ☐ =

außen: innen: bleiben:

8

14 − ☐ =

außen: innen: bleiben:

13 − ☐ =

außen: innen: bleiben:

6

13 − ☐ =

außen: innen: bleiben:

14 − ☐ =

außen: innen: bleiben:

Von **14**, **13** und **12** rückwärts über den Zehner: Verbinde Rechnungen mit gleichen Ergebnissen.

ZÜ von 14 rückwärts

13 − 5 = ☐

außen: 3 innen: 2 bleiben: 8

12 − 6 = ☐

außen: innen: bleiben:

14 − 8 = ☐

außen: innen: bleiben:

13 − 7 = ☐

außen: innen: bleiben:

12 − 7 = ☐

außen: innen: bleiben:

14 − 7 = ☐

außen: innen: bleiben:

13 − 8 = ☐

außen: innen: bleiben:

12 − 4 = ☐

außen: innen: bleiben:

14 − 6 = ☐

außen: innen: bleiben:

13 − 6 = ☐

außen: innen: bleiben:

12 − 5 = ☐

außen: innen: bleiben:

14 − 9 = ☐

außen: innen: bleiben:

Schneider: Rechnen ohne Stolperstein, Zehnerübergang mit Minus. Illustrationen: Kristina Klotz

Vier Aufgaben – ein Ergebnis!

ZÜ von 14 rückwärts

14 − 5 =
außen: 4 innen: 1 bleiben: 9

13 − 4 =
außen: innen: bleiben:

11 − 2 =
außen: innen: bleiben:

„Von **14**, **13**, **12**, **11** rückwärts!"

12 − 3 =
außen: innen: bleiben:

13 − 8 =
außen: innen: bleiben:

14 − 9 =
außen: innen: bleiben:

12 − 7 =
außen: innen: bleiben:

11 − 6 =
außen: innen: bleiben:

Vier Aufgaben – ein Ergebnis! Was fehlt?

ZÜ von 14 rückwärts

14 − 6 =
außen: 4 innen: 2 bleiben: 8

8

13 − ☐ =
außen: innen: bleiben:

11 − ☐ =
außen: innen: bleiben:

„Von **14**, **13**, **12**, **11** rückwärts!"

12 − ☐ =
außen: innen: bleiben:

13 − ☐ =
außen: innen: bleiben:

14 − ☐ =
außen: innen: bleiben:

6

12 − ☐ =
außen: innen: bleiben:

11 − ☐ =
außen: innen: bleiben:

ZÜ von 14 rückwärts

14 − 5 = ☐☐
außen: 4 innen: 1 bleiben: 9

24 − 5 = ☐☐

34 − 5 = ☐☐

44 − 5 = ☐☐

54 − 5 = ☐☐

64 − 5 = ☐☐

74 − 5 = ☐☐

14 − 6 = ☐☐
außen: innen: bleiben:

24 − 6 = ☐☐

34 − 6 = ☐☐

44 − 6 = ☐☐

54 − 6 = ☐☐

64 − 6 = ☐☐

74 − 9 = ☐☐

„Ich mache einen Zehner auf!“

ZÜ von 14 rückwärts

14 − 7 = ☐☐
außen: 4 innen: 3 bleiben: 7

24 − 7 = ☐☐

34 − 7 = ☐☐

44 − 7 = ☐☐

54 − 7 = ☐☐

64 − 7 = ☐☐

74 − 7 = ☐☐

14 − 8 = ☐☐
außen: innen: bleiben:

24 − 8 = ☐☐

34 − 8 = ☐☐

44 − 8 = ☐☐

54 − 8 = ☐☐

64 − 8 = ☐☐

74 − 8 = ☐☐

„Ich achte auf die zig-Zahlen!“

ZÜ von 14 rückwärts

14 − 9 = ☐☐

außen: 4 innen: 5 bleiben: 5

24 − 9 = ☐☐

34 − 9 = ☐☐

44 − 9 = ☐☐

54 − 9 = ☐☐

64 − 9 = ☐☐

74 − 9 = ☐☐

14 − 5 = ☐

34 − 5 = ☐

außen: innen: bleiben:

14 − 6 = ☐

64 − 6 = ☐

außen: innen: bleiben:

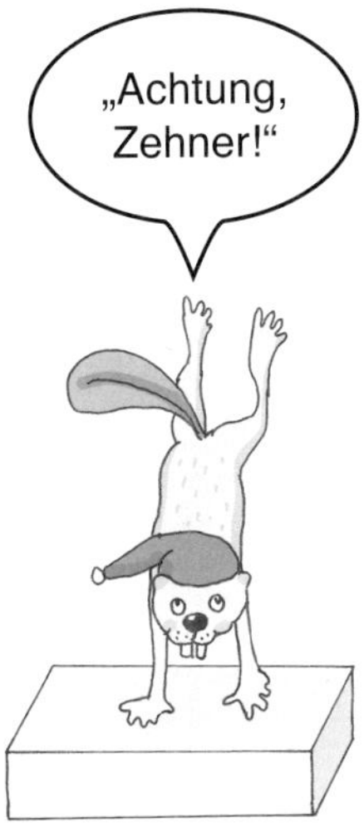

14 − 8 = ☐

24 − 8 = ☐

außen: innen: bleiben:

ZÜ von 14 rückwärts

14 − 7 = ☐

34 − 7 = ☐

außen: 4 innen: 3 bleiben: 7

14 − 9 = ☐

24 − 9 = ☐

außen: innen: bleiben:

14 − 6 = ☐

44 − 6 = ☐

außen: innen: bleiben:

14 − 5 = ☐

24 − 5 = ☐

außen: innen: bleiben:

14 − 9 = ☐

84 − 9 = ☐

außen: innen: bleiben:

14 − 8 = ☐

54 − 8 = ☐

außen: innen: bleiben:

14 − 7 = ☐

64 − 7 = ☐

außen: innen: bleiben:

14 − 4 = ☐

94 − 4 = ☐

außen: innen: bleiben:

Kleine Aufgabe, große Aufgabe?

ZÜ von 14 rückwärts

14 − 6 = ☐

außen: 4 innen: 2 bleiben: 8

14 − 3 = ☐ Hoppla!

außen: innen: bleiben:

14 − 7 = ☐

außen: innen: bleiben:

34 − 5 = ☐

24 − 6 = ☐

54 − 8 = ☐

84 − 2 = ☐

64 − 8 = ☐

74 − 7 = ☐

44 − 9 = ☐

94 − 6 = ☐

100

14 − 9 = ☐

außen: innen: bleiben:

4 − 2 = ☐ Hoppla!

außen: innen: bleiben:

14 − 5 = ☐

außen: innen: bleiben:

ZÜ von 14 rückwärts

100

34 − 5 = ☐☐

außen: 4 innen: 1 bleiben: 9

44 − 6 = ☐☐

außen: innen: bleiben:

94 − 9 = ☐☐

außen: innen: bleiben:

54 − 8 = ☐☐

außen: innen: bleiben:

24 − 7 = ☐☐

außen: innen: bleiben:

64 − 9 = ☐☐

außen: innen: bleiben:

74 − 6 = ☐☐

außen: innen: bleiben:

94 − 4 = ☐☐

außen: innen: bleiben:

84 − 5 = ☐☐

außen: innen: bleiben:

Was gehört zusammen? Male gleich an.

ZÜ von 14 rückwärts

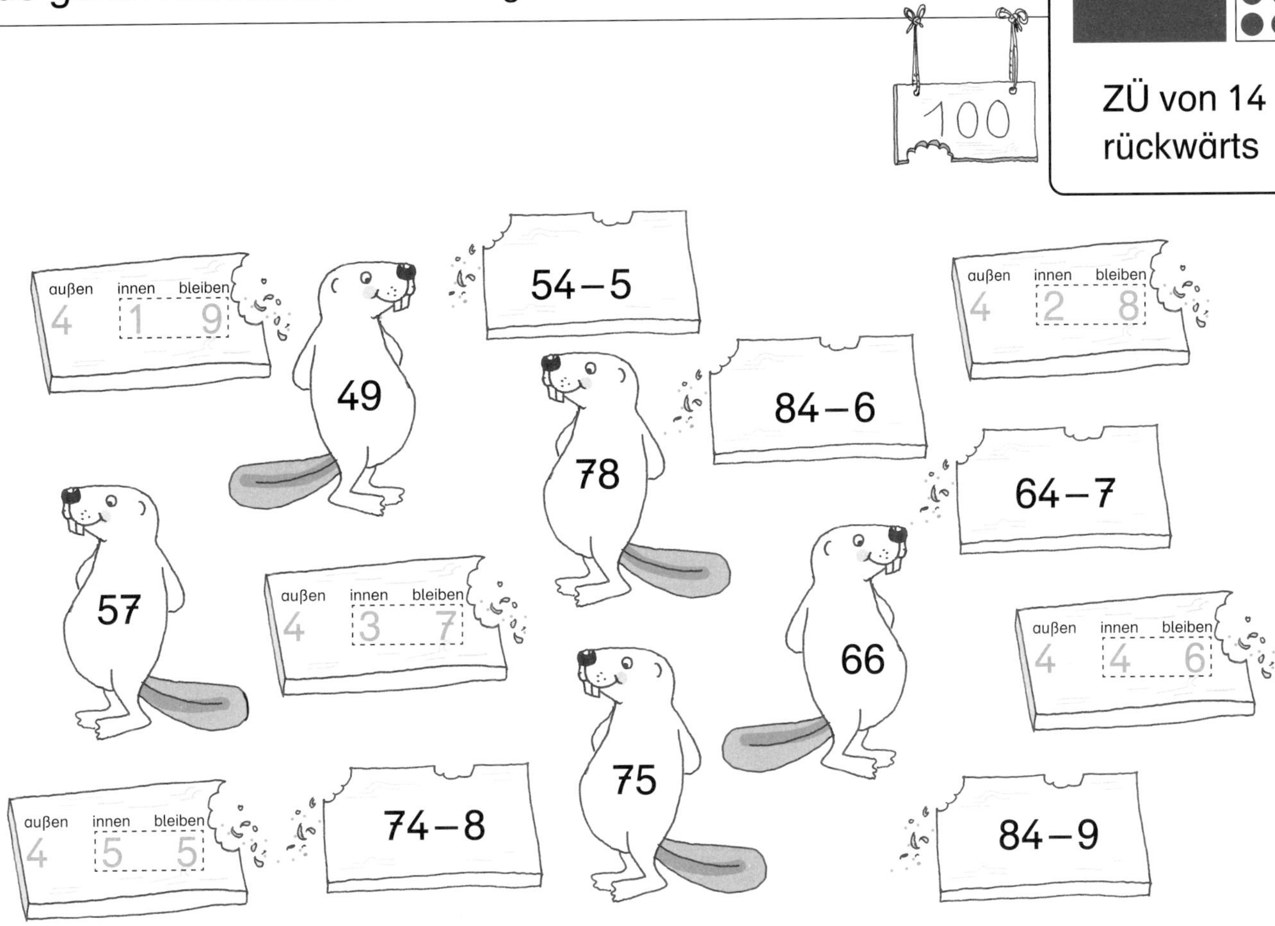

Zwei Aufgaben – ein Ergebnis!

ZÜ von 14 rückwärts

6 4 − 5 =

außen: 4 innen: 1 bleiben: 9

6 3 − 4 =

außen: innen: bleiben:

4 4 − 6 =

außen: innen: bleiben:

4 3 − 5 =

außen: innen: bleiben:

„Von **4**, **3** außen rückwärts!"

9 4 − 8 =

außen: innen: bleiben:

9 3 − 7 =

außen: innen: bleiben:

2 4 − 7 =

außen: innen: bleiben:

2 3 − 6 =

außen: innen: bleiben:

Von **4**, **3**, **2** außen rückwärts über den Zehner: Verbinde Rechnungen mit gleichen Ergebnissen.

ZÜ von 14 rückwärts

94 − 5 = ☐
außen: 4 innen: 1 bleiben: 9

62 − 6 = ☐
außen: innen: bleiben:

63 − 7 = ☐
außen: innen: bleiben:

64 − 7 = ☐
außen: innen: bleiben:

92 − 7 = ☐
außen: innen: bleiben:

93 − 4 = ☐
außen: innen: bleiben:

64 − 8 = ☐
außen: innen: bleiben:

92 − 3 = ☐
außen: innen: bleiben:

63 − 6 = ☐
außen: innen: bleiben:

94 − 9 = ☐
außen: innen: bleiben:

62 − 5 = ☐
außen: innen: bleiben:

93 − 8 = ☐
außen: innen: bleiben:

Drei Aufgaben – ein Ergebnis! Was fehlt?

ZÜ von 14 rückwärts

73 − ☐ =
außen: innen: bleiben:

72 − 3 =
außen: 2 innen: 1 bleiben: 9

69

74 − ☐ =
außen: innen: bleiben:

53 − ☐ =
außen: innen: bleiben:

52 − ☐ =
außen: innen: bleiben:

45

54 − ☐ =
außen: innen: bleiben:

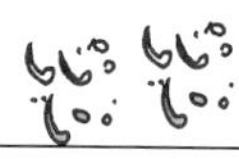

23 − ☐ =
außen: innen: bleiben:

22 − ☐ =
außen: innen: bleiben:

18

24 − ☐ =
außen: innen: bleiben:

„Von **4**, **3**, **2** außen rückwärts!“

Schneider: Rechnen ohne Stolperstein, Zehnerübergang mit Minus. Illustrationen: Kristina Klotz

Vier Aufgaben – ein Ergebnis!

ZÜ von 14 rückwärts

73 ⊖ 4 ⊜

außen: 3 innen: 1 bleiben: 9

74 ⊖ 5 ⊜

außen: innen: bleiben:

72 ⊖ 3 ⊜

außen: innen: bleiben:

„Von **1**, **2**, **3**, **4** außen rückwärts!"

71 ⊖ 2 ⊜

außen: innen: bleiben:

93 ⊖ 6 ⊜

außen: innen: bleiben:

92 ⊖ 5 ⊜

außen: innen: bleiben:

91 ⊖ 4 ⊜

außen: innen: bleiben:

94 ⊖ 7 ⊜

außen: innen: bleiben:

Achtung: vorwärts und rückwärts springen!

ZÜ von 14 rückwärts

8 ⊕ 7 ⊜

innen: 2 außen: 5

14 ⊖ 8 ⊜

außen: innen: bleiben:

7 ⊕ 6 ⊜

innen: außen:

13 ⊖ 6 ⊜

außen: innen: bleiben:

9 ⊕ 5 ⊜

innen: außen:

11 ⊖ 5 ⊜

außen: innen: bleiben:

„Innen, außen!"

„Außen, innen, bleiben!"

8 ⊕ 4 ⊜

innen: außen:

12 ⊖ 7 ⊜

außen: innen: bleiben:

Vorwärts und rückwärts – sportlich!

ZÜ von 14 rückwärts

38 + 7 = ☐☐

innen: 2 außen: 5

83 − 6 = ☐☐

außen: innen: bleiben:

69 + 4 = ☐☐

innen: außen:

44 − 7 = ☐☐

außen: innen: bleiben:

47 + 6 = ☐☐

innen: außen:

22 − 5 = ☐☐

außen: innen: bleiben:

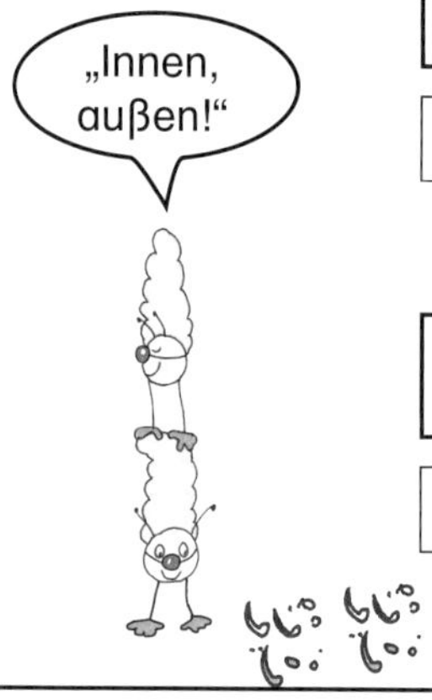

25 + 6 = ☐☐

innen: außen:

61 − 8 = ☐☐

außen: innen: bleiben:

Vorwärts und rückwärts – das trainiert!

ZÜ von 14 rückwärts

29 + 3 = ☐☐

innen: 1 außen: 2

33 − 5 = ☐☐

außen: innen: bleiben:

51 − 7 = ☐☐

außen: innen: bleiben:

64 + 5 = ☐☐

innen: außen:

24 − 7 = ☐☐

außen: innen: bleiben:

37 + 5 = ☐☐

innen: außen:

44 + 6 = ☐☐

innen: außen:

42 − 8 = ☐☐

außen: innen: bleiben:

Dieses Heft gehört:

____

ZÜ von 15 rückwärts

Von **15 rückwärts** über den Zehner

Wie viele bleiben?

ZÜ von 15 rückwärts

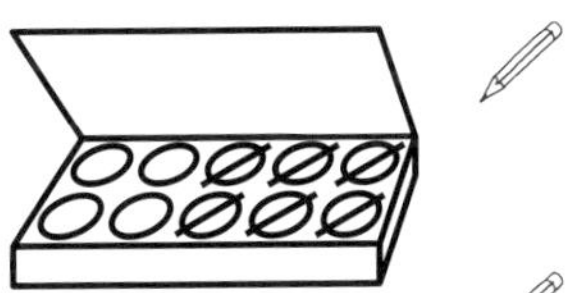

innen	bleiben
6	4

„Sechs innen, vier bleiben!“

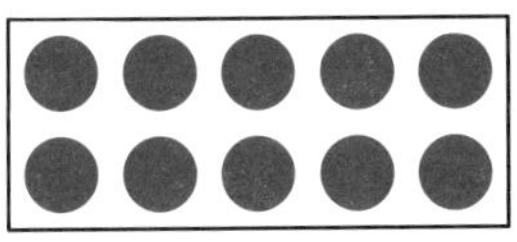

innen	bleiben
2	

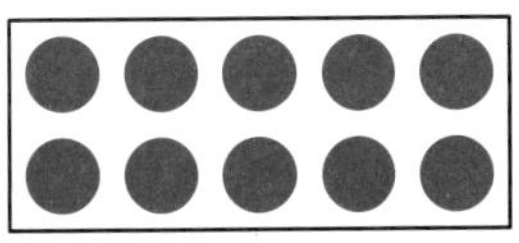

innen	bleiben
4	

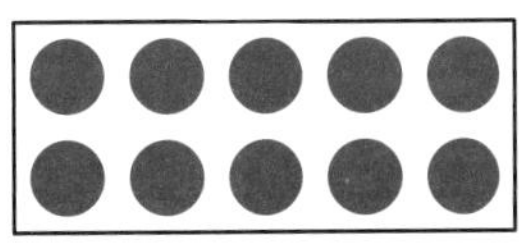

innen	bleiben
3	

10	4	
10	1	
10	3	
10	2	

Zerlege immer in **5** und ... !

ZÜ von 15 rückwärts

5		2

6	5	1
9	5	
8	5	
7	5	

Von **15** rückwärts über den Zehner: **„Fünf außen, ... innen, ... bleiben.“**

ZÜ von 15 rückwärts

15 ⊖ 6

15 ⊖ 5 ⊖ 1 ⊜ ☐

☐ ⊖ ☐

☐ ⊖ ☐ ⊖ ☐ ⊜ ☐

☐ ⊖ ☐

☐ ⊖ ☐ ⊖ ☐ ⊜ ☐

☐ ⊖ ☐

☐ ⊖ ☐ ⊖ ☐ ⊜ ☐

Schneider: Rechnen ohne Stolperstein, Zehnerübergang mit Minus. Illustrationen: Kristina Klotz

Von **15** rückwärts: Streiche selbst weg.

ZÜ von 15 rückwärts

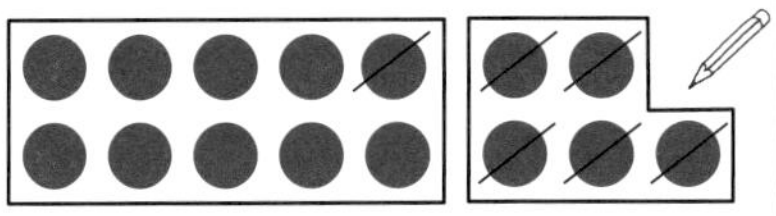

außen: 5 innen: 1 bleiben: 9

15 ⊖ 6 ⊜ ☐

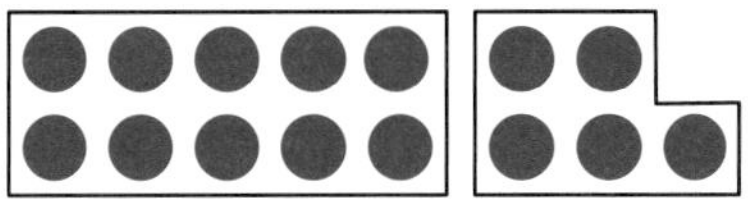

außen: ___ innen: ___ bleiben: ___

15 ⊖ 8 ⊜ ☐

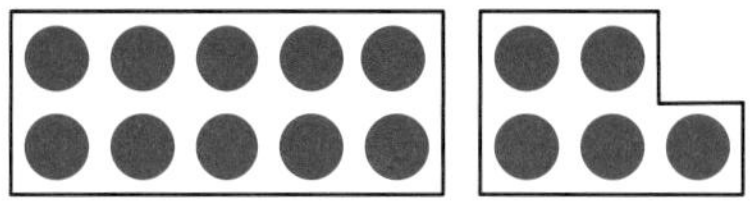

außen: ___ innen: ___ bleiben: ___

15 ⊖ 7 ⊜ ☐

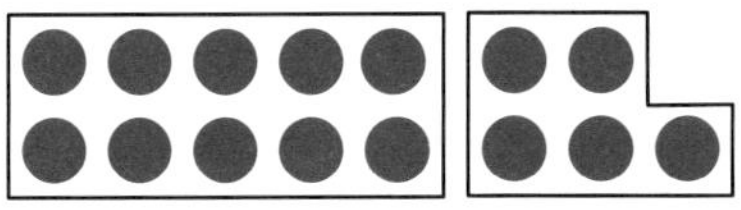

außen: ___ innen: ___ bleiben: ___

15 ⊖ 9 ⊜ ☐

Schreibe auf.

ZÜ von 15 rückwärts

15 ⊖ 7 ☐5 außen ☐2 innen ☐8 bleiben ⊜ ☐

Hoppla!

15 ⊖ 5 ☐ außen ☐ innen ☐ bleiben ⊜ ☐☐

15 ⊖ 8 ☐ außen ☐ innen ☐ bleiben ⊜ ☐

15 ⊖ 9 ☐ außen ☐ innen ☐ bleiben ⊜ ☐

15 ⊖ 6 ☐ außen ☐ innen ☐ bleiben ⊜ ☐

Von **15** rückwärts über den Zehner: **„Fünf außen, ... innen, ... bleiben."**

ZÜ von 15 rückwärts

15 − 8 = ___

außen: 5 innen: 3 bleiben: 7

15 − 3 = ___

außen: innen: bleiben:

15 − 9 = ___

außen: innen: bleiben:

15 − 4 = ___ ___

außen: innen: bleiben:

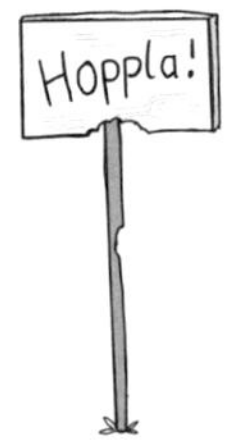

15 − 7 = ___

außen: innen: bleiben:

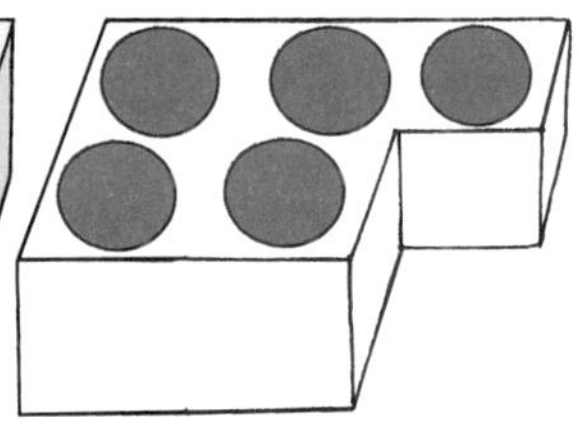

15 − 6 = ___

außen: innen: bleiben:

Von **15** rückwärts über den Zehner: **„Fünf außen, ... innen, ... bleiben."**

ZÜ von 15 rückwärts

15 − 9 = ___

außen: 5 innen: 4 bleiben: 6

15 − 8 = ___

außen: innen: bleiben:

15 − 6 = ___

außen: innen: bleiben:

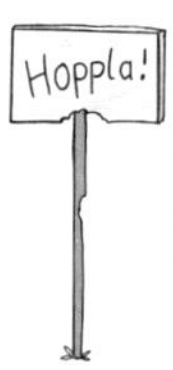

15 − 0 = ___ ___

außen: innen: bleiben:

15 − 7 = ___

außen: innen: bleiben:

15 − 1 = ___ ___

außen: innen: bleiben:

15 − 2 = ___ ___

außen: innen: bleiben:

Was gehört zusammen? Male gleich an.

ZÜ von 15 rückwärts

außen innen bleiben
5 1 9

9

außen innen bleiben
5 3 7

8

15 – 6 =

15 – 7 =

15 – 8 =

7

außen innen bleiben
5 4 6

15 – 9 =

außen innen bleiben
5 2 8

6

Von **15** und **14** rückwärts über den Zehner: Verbinde gleiche Ergebnisse.

ZÜ von 15 rückwärts

Aufgabe	außen	innen	bleiben
15 ⊖ 7 ⊜ ☐	5	2	8
14 ⊖ 8 ⊜ ☐			
15 ⊖ 6 ⊜ ☐			
14 ⊖ 7 ⊜ ☐			

Aufgabe	außen	innen	bleiben
15 ⊖ 9 ⊜ ☐			
14 ⊖ 5 ⊜ ☐			
15 ⊖ 8 ⊜ ☐			
14 ⊖ 6 ⊜ ☐			

Von **15**, **14** und **13** rückwärts über den Zehner:

Verbinde Rechnungen mit gleichen Ergebnissen.

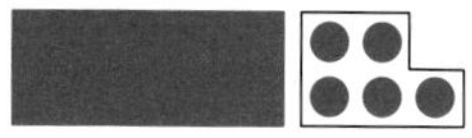

ZÜ von 15 rückwärts

15 − 6 = ☐ außen: 5 innen: 1 bleiben: 9	14 − 8 = ☐ außen: innen: bleiben:	14 − 7 = ☐ außen: innen: bleiben:
13 − 5 = ☐ außen: innen: bleiben:	15 − 8 = ☐ außen: innen: bleiben:	15 − 7 = ☐ außen: innen: bleiben:
13 − 6 = ☐ außen: innen: bleiben:	14 − 6 = ☐ außen: innen: bleiben:	13 − 4 = ☐ außen: innen: bleiben:
13 − 7 = ☐ außen: innen: bleiben:	14 − 5 = ☐ außen: innen: bleiben:	15 − 9 = ☐ außen: innen: bleiben:

Drei Aufgaben – ein Ergebnis! Was fehlt?

ZÜ von 15 rückwärts

Ergebnis 9

13 − ☐ =
außen: innen: bleiben:

14 − 5 =
außen: 4 innen: 1 bleiben: 9

15 − ☐ =
außen: innen: bleiben:

Ergebnis 7

13 − ☐ =
außen: innen: bleiben:

15 − ☐ =
außen: innen: bleiben:

14 − ☐ =
außen: innen: bleiben:

Ergebnis 8

15 − ☐ =
außen: innen: bleiben:

„Von **15**, **14**, **13** rückwärts!“

14 − ☐ =
außen: innen: bleiben:

13 − ☐ =
außen: innen: bleiben:

Schneider: Rechnen ohne Stolperstein, Zehnerübergang mit Minus. Illustrationen: Kristina Klotz

Vier Aufgaben – ein Ergebnis!

ZÜ von 15 rückwärts

15 − 7 =
außen: 5 innen: 2 bleiben: 8

13 − 5 =
außen: innen: bleiben:

12 − 4 =
außen: innen: bleiben:

14 − 6 =
außen: innen: bleiben:

„Von **15**, **14**, **13**, **12** rückwärts!“

13 − 4 =
außen: innen: bleiben:

14 − 5 =
außen: innen: bleiben:

12 − 3 =
außen: innen: bleiben:

15 − 6 =
außen: innen: bleiben:

Fünf Aufgaben – ein Ergebnis!

ZÜ von 15 rückwärts

15 − 7 =
außen: 5 innen: 2 bleiben: 8

11 − 3 =
außen: innen: bleiben:

13 − 5 =
außen: innen: bleiben:

12 − 4 =
außen: innen: bleiben:

14 − 6 =
außen: innen: bleiben:

14 − 7 =
außen: innen: bleiben:

12 − 5 =
außen: innen: bleiben:

15 − 8 =
außen: innen: bleiben:

13 − 6 =
außen: innen: bleiben:

11 − 4 =
außen: innen: bleiben:

„Von **15**, **14**, **13**, **12**, **11** rückwärts!“

ZÜ von 15 rückwärts

15 − 6 = ☐☐

außen: 5 innen: 1 bleiben: 9

25 − 6 = ☐☐

35 − 6 = ☐☐

45 − 6 = ☐☐

55 − 6 = ☐☐

65 − 6 = ☐☐

75 − 6 = ☐☐

15 − 7 = ☐☐

außen: innen: bleiben:

25 − 7 = ☐☐

35 − 7 = ☐☐

45 − 7 = ☐☐

55 − 7 = ☐☐

65 − 7 = ☐☐

75 − 7 = ☐☐

ZÜ von 15 rückwärts

15 − 8 = ☐☐

außen: 5 innen: 3 bleiben: 7

25 − 8 = ☐☐

35 − 8 = ☐☐

45 − 8 = ☐☐

55 − 8 = ☐☐

65 − 8 = ☐☐

75 − 8 = ☐☐

15 − 9 = ☐☐

außen: innen: bleiben:

25 − 9 = ☐☐

35 − 9 = ☐☐

45 − 9 = ☐☐

55 − 9 = ☐☐

65 − 9 = ☐☐

75 − 9 = ☐☐

ZÜ von 15 rückwärts

15 ⊖ 7 ⊜ ☐
35 ⊖ 7 ⊜ ☐
außen: 5 innen: 2 bleiben: 8

15 ⊖ 9 ⊜ ☐
25 ⊖ 9 ⊜ ☐
außen: innen: bleiben:

15 ⊖ 6 ⊜ ☐
45 ⊖ 6 ⊜ ☐
außen: innen: bleiben:

15 ⊖ 5 ⊜ ☐
25 ⊖ 5 ⊜ ☐
außen: innen: bleiben:

15 ⊖ 9 ⊜ ☐
85 ⊖ 9 ⊜ ☐
außen: innen: bleiben:

15 ⊖ 8 ⊜ ☐
55 ⊖ 8 ⊜ ☐
außen: innen: bleiben:

„Hallo, kleine Aufgabe!“

15 ⊖ 7 ⊜ ☐
65 ⊖ 7 ⊜ ☐
außen: innen: bleiben:

15 ⊖ 8 ⊜ ☐
95 ⊖ 8 ⊜ ☐
außen: innen: bleiben:

Kleine Aufgabe, große Aufgabe?

ZÜ von 15 rückwärts

„Verbinde!“

35 ⊖ 8 ⊜ ☐
25 ⊖ 6 ⊜ ☐
55 ⊖ 7 ⊜ ☐
85 ⊖ 9 ⊜ ☐
65 ⊖ 9 ⊜ ☐
75 ⊖ 7 ⊜ ☐
45 ⊖ 8 ⊜ ☐
95 ⊖ 6 ⊜ ☐

„Die Kleine hilft mit!“

15 ⊖ 6 ⊜ ☐
außen: 5 innen: 1 bleiben: 9

15 ⊖ 9 ⊜ ☐
außen: innen: bleiben:

15 ⊖ 8 ⊜ ☐
außen: innen: bleiben:

15 ⊖ 7 ⊜ ☐
außen: innen: bleiben:

ZÜ von 15 rückwärts

35 − 6 = ☐☐
außen: 5 innen: 1 bleiben: 9

45 − 9 = ☐☐
außen: innen: bleiben:

95 − 7 = ☐☐
außen: innen: bleiben:

55 − 8 = ☐☐
außen: innen: bleiben:

25 − 7 = ☐☐
außen: innen: bleiben:

65 − 9 = ☐☐
außen: innen: bleiben:

75 − 6 = ☐☐
außen: innen: bleiben:

95 − 8 = ☐☐
außen: innen: bleiben:

85 − 6 = ☐☐
außen: innen: bleiben:

Was gehört zusammen? Male gleich an.

ZÜ von 15 rückwärts

Schneider: Rechnen ohne Stolperstein, Zehnerübergang mit Minus. Illustrationen: Kristina Klotz

ZÜ von 15 rückwärts

44 − 5 = ☐☐
außen: 4 innen: 1 bleiben: 9

25 − 9 = ☐☐
außen: innen: bleiben:

95 − 6 = ☐☐
außen: innen: bleiben:

64 − 8 = ☐☐
außen: innen: bleiben:

34 − 7 = ☐☐
außen: innen: bleiben:

55 − 7 = ☐☐
außen: innen: bleiben:

85 − 8 = ☐☐
außen: innen: bleiben:

65 − 6 = ☐☐
außen: innen: bleiben:

34 − 9 = ☐☐
außen: innen: bleiben:

74 − 7 = ☐☐
außen: innen: bleiben:

„**4** oder **5** außen?“

5, 4 und **3** außen rückwärts:
Verbinde Rechnungen mit gleichen Ergebnissen.

ZÜ von 15 rückwärts

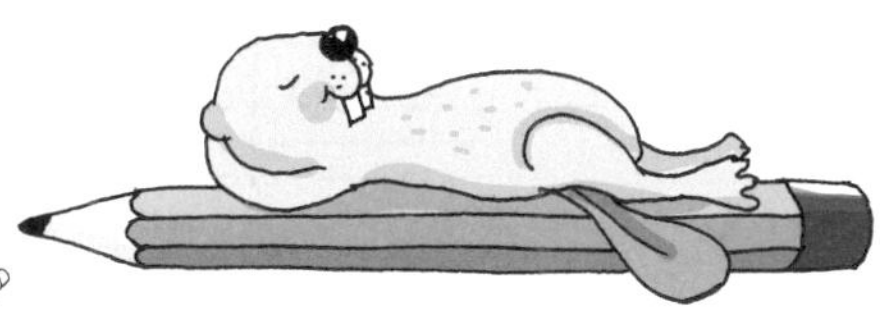

43 − 5 = ☐
außen: 3 innen: 2 bleiben: 8

44 − 6 = ☐
außen: innen: bleiben:

45 − 7 = ☐
außen: innen: bleiben:

64 − 7 = ☐
außen: innen: bleiben:

74 − 5 = ☐
außen: innen: bleiben:

65 − 8 = ☐
außen: innen: bleiben:

63 − 7 = ☐
außen: innen: bleiben:

63 − 6 = ☐
außen: innen: bleiben:

64 − 8 = ☐
außen: innen: bleiben:

75 − 6 = ☐
außen: innen: bleiben:

65 − 9 = ☐
außen: innen: bleiben:

73 − 4 = ☐
außen: innen: bleiben:

Drei Aufgaben – ein Ergebnis! Was fehlt?

ZÜ von 15 rückwärts

33 − 4 =
außen: 3 innen: 1 bleiben: 9

35 − ☐ =
außen: innen: bleiben:

34 − ☐ =
außen: innen: bleiben:

29

75 − ☐ =
außen: innen: bleiben:

74 − ☐ =
außen: innen: bleiben:

73 − ☐ =
außen: innen: bleiben:

67

54 − ☐ =
außen: innen: bleiben:

53 − ☐ =
außen: innen: bleiben:

55 − ☐ =
außen: innen: bleiben:

48

„Von **5**, **4**, **3** außen rückwärts!“

Vier Aufgaben – ein Ergebnis!

ZÜ von 15 rückwärts

23 − 5 =
außen: 3 innen: 2 bleiben: 8

25 − 7 =
außen: innen: bleiben:

24 − 6 =
außen: innen: bleiben:

22 − 4 =
außen: innen: bleiben:

☐☐

„Von **5**, **4**, **3**, **2** außen rückwärts!“

45 − 9 =
außen: innen: bleiben:

44 − 8 =
außen: innen: bleiben:

43 − 7 =
außen: innen: bleiben:

42 − 6 =
außen: innen: bleiben:

☐☐

Fünf Aufgaben – ein Ergebnis!

ZÜ von 15 rückwärts

35 − 7 =

außen: 5 innen: 2 bleiben: 8

61 − 3 =

außen: innen: bleiben:

93 − 5 =

außen: innen: bleiben:

22 − 4 =

außen: innen: bleiben:

44 − 6 =

außen: innen: bleiben:

„Von **5**, **4**, **3**, **2** und **1** außen rückwärts!“

64 − 7 =

außen: innen: bleiben:

82 − 5 =

außen: innen: bleiben:

75 − 8 =

außen: innen: bleiben:

53 − 6 =

außen: innen: bleiben:

31 − 4 =

außen: innen: bleiben:

Achtung: vorwärts und rückwärts springen!

ZÜ von 15 rückwärts

6 + 7 =

innen: 4 außen: 3

8 + 6 =

innen: außen:

7 + 5 =

innen: außen:

9 + 4 =

innen: außen:

„Innen, außen!“

15 − 6 =

außen: innen: bleiben:

14 − 9 =

außen: innen: bleiben:

11 − 8 =

außen: innen: bleiben:

13 − 7 =

außen: innen: bleiben:

„Außen, innen, bleiben!“

Vorwärts und rückwärts – sportlich!

ZÜ von 15 rückwärts

38 + 3 = ☐☐
innen: 2 außen: 1

35 − 8 = ☐☐
außen: innen: bleiben:

64 − 7 = ☐☐
außen: innen: bleiben:

49 + 7 = ☐☐
innen: außen:

87 + 7 = ☐☐
innen: außen:

23 − 9 = ☐☐
außen: innen: bleiben:

45 − 6 = ☐☐
außen: innen: bleiben:

47 + 8 = ☐☐
innen: außen:

Vorwärts und rückwärts – das trainiert!

ZÜ von 15 rückwärts

29 + 9 = ☐☐
innen: 1 außen: 8

55 − 9 = ☐☐
außen: innen: bleiben:

42 − 7 = ☐☐
außen: innen: bleiben:

35 + 6 = ☐☐
innen: außen:

83 + 9 = ☐☐
innen: außen:

85 − 6 = ☐☐
außen: innen: bleiben:

91 − 8 = ☐☐
außen: innen: bleiben:

62 + 9 = ☐☐
innen: außen:

Dieses Heft gehört:

____

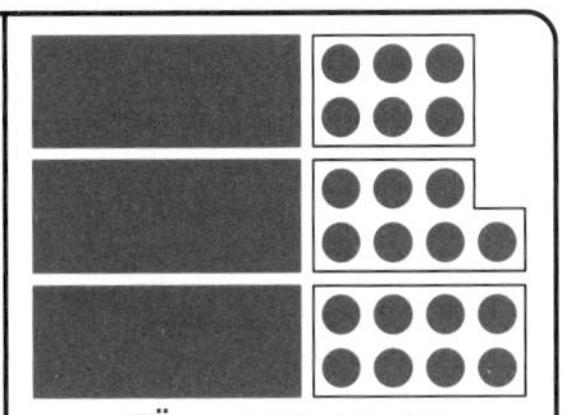

ZÜ von 16, 17, 18 rückwärts

Von **16, 17, 18 rückwärts** über den Zehner

Wie viele bleiben?

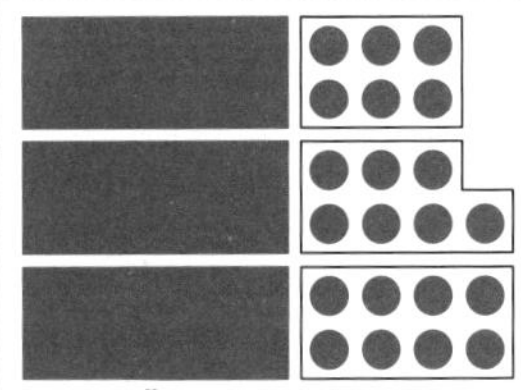

ZÜ von 16, 17, 18 rückwärts

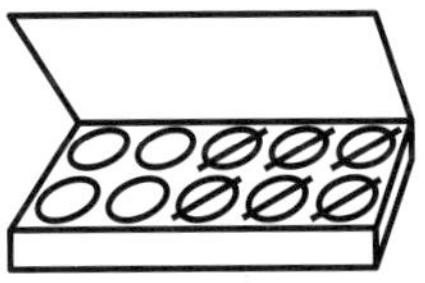

innen	bleiben
6	4

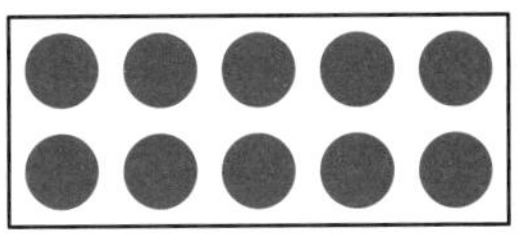

innen	bleiben
3	

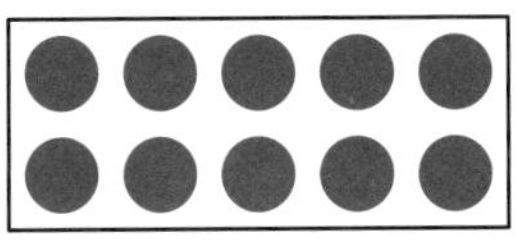

innen	bleiben
2	

10	2	
10	1	
10	3	

Zerlege in **6** und ...!

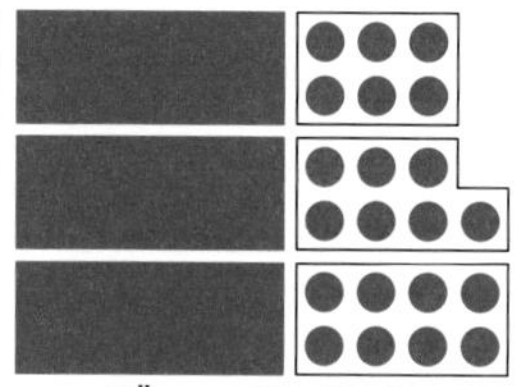
ZÜ von 16, 17, 18 rückwärts

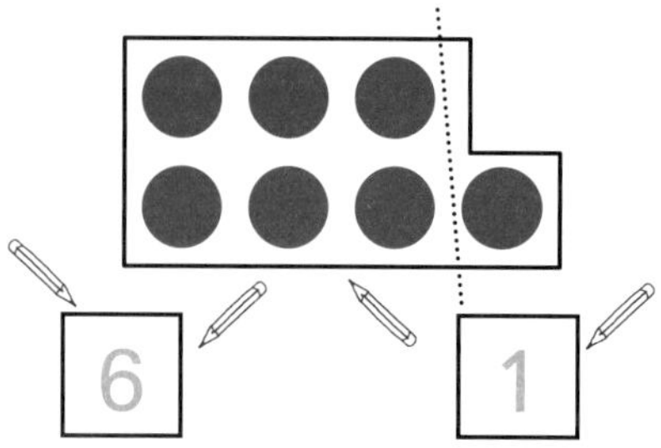

6 | 1

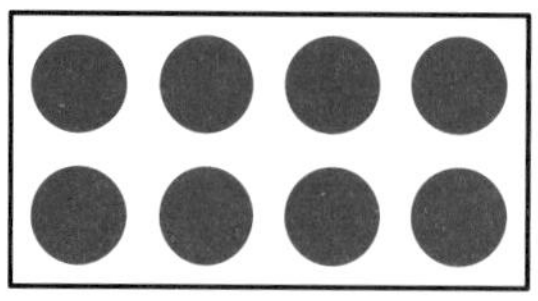

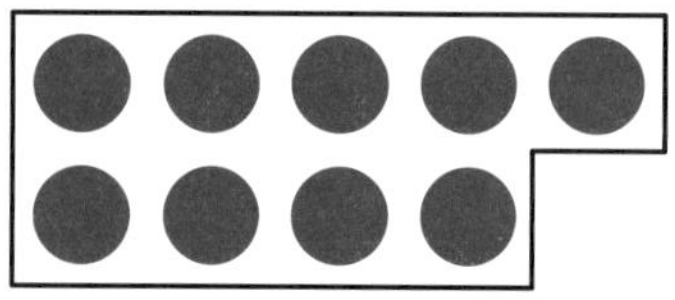

Zerlege in **7** und ...!

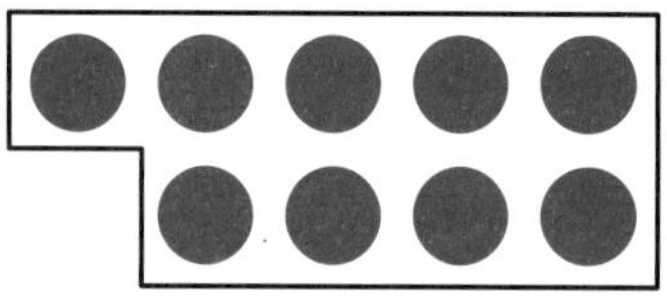

7

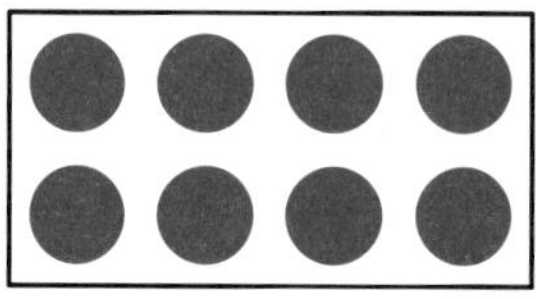

Zerlege in **8** und ...!

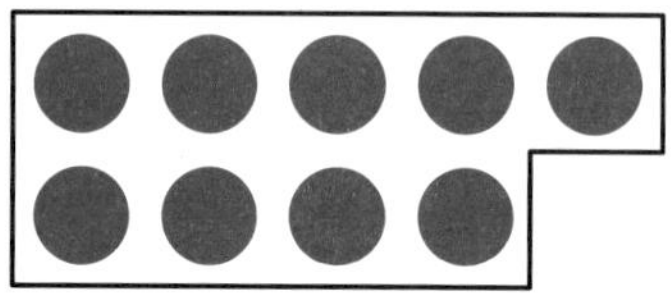

8

Zerlege in **6** und ...!

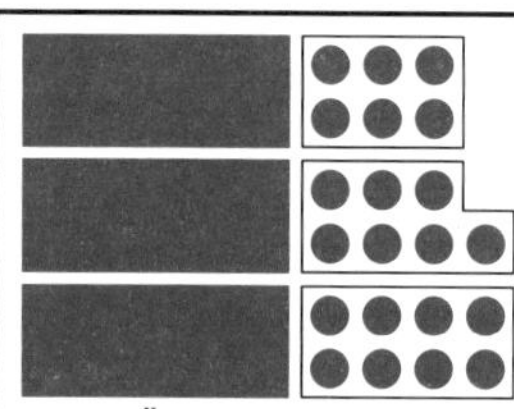
ZÜ von 16, 17, 18 rückwärts

7	6	1
8	6	

9	6	

Zerlege in **7** und ...!

9	7	

8	7	

Zerlege in **8** und ...!

9	8	

Von **16, 17, 18** rückwärts über den Zehner:
„... außen,... innen, ... bleiben.“

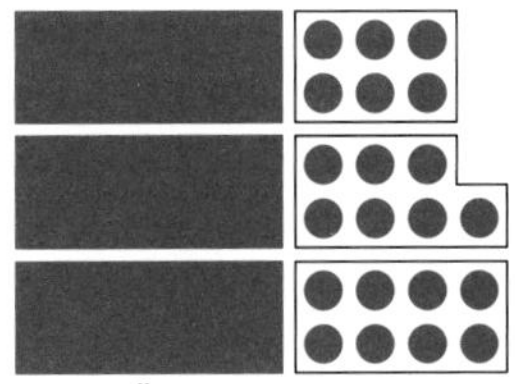
ZÜ von 16, 17, 18 rückwärts

16 ⊖ 7
16 ⊖ 6 ⊖ 1 ⊜ ___

___ ⊖ ___
___ ⊖ ___ ⊖ ___ ⊜ ___

___ ⊖ ___
___ ⊖ ___ ⊖ ___ ⊜ ___

___ ⊖ ___
___ ⊖ ___ ⊖ ___ ⊜ ___

___ ⊖ ___
___ ⊖ ___ ⊖ ___ ⊜ ___

___ ⊖ ___
___ ⊖ ___ ⊖ ___ ⊜ ___

Von **16, 17** und **18** rückwärts: Streiche selbst weg.

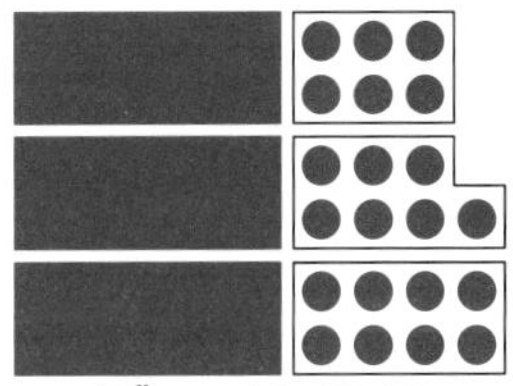
ZÜ von 16, 17, 18 rückwärts

außen: 6 innen: 3 bleiben: 7

16 ⊖ 9 ⊜ ___

außen: ___ innen: ___ bleiben: ___

16 ⊖ 8 ⊜ ___

außen: ___ innen: ___ bleiben: ___

17 ⊖ 9 ⊜ ___

außen: ___ innen: ___ bleiben: ___

16 ⊖ 7 ⊜ ___

außen: ___ innen: ___ bleiben: ___

17 ⊖ 8 ⊜ ___

außen: ___ innen: ___ bleiben: ___

18 ⊖ 9 ⊜ ___

Schreibe auf.

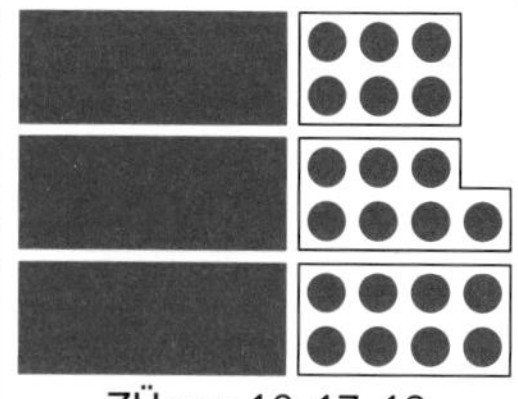

ZÜ von 16, 17, 18 rückwärts

16 ⊖ 8 | 6 außen | 2 innen | 8 bleiben | ⊜ ☐

16 ⊖ 7 | ☐ außen | ☐ innen | ☐ bleiben | ⊜ ☐

16 ⊖ 9 | ☐ außen | ☐ innen | ☐ bleiben | ⊜ ☐

17 ⊖ 8 | ☐ außen | ☐ innen | ☐ bleiben | ⊜ ☐

17 ⊖ 9 | ☐ außen | ☐ innen | ☐ bleiben | ⊜ ☐

18 ⊖ 9 | ☐ außen | ☐ innen | ☐ bleiben | ⊜ ☐

Von **16, 17, 18** rückwärts über den Zehner:

„ ... außen, ... innen, ... bleiben.“

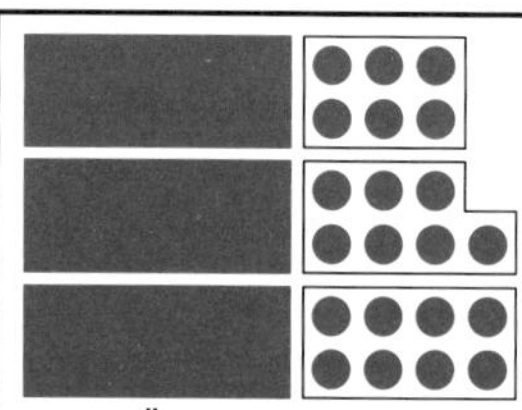

ZÜ von 16, 17, 18 rückwärts

16 ⊖ 8 ⊜ ☐
außen: 6 innen: 2 bleiben: 8

17 ⊖ 9 ⊜ ☐
außen: innen: bleiben:

16 ⊖ 7 ⊜ ☐
außen: innen: bleiben:

17 ⊖ 8 ⊜ ☐
außen: innen: bleiben:

16 ⊖ 9 ⊜ ☐
außen: innen: bleiben:

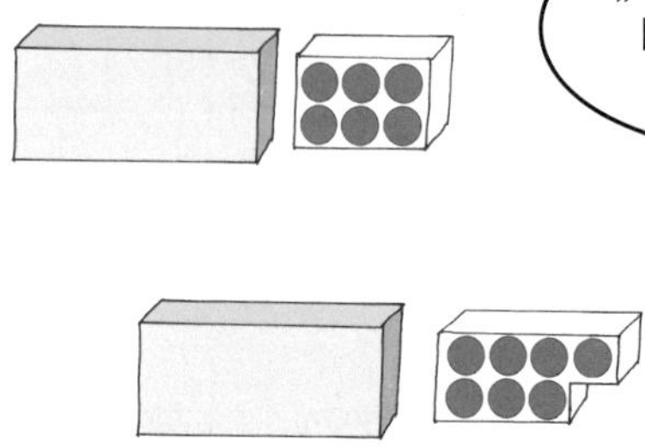

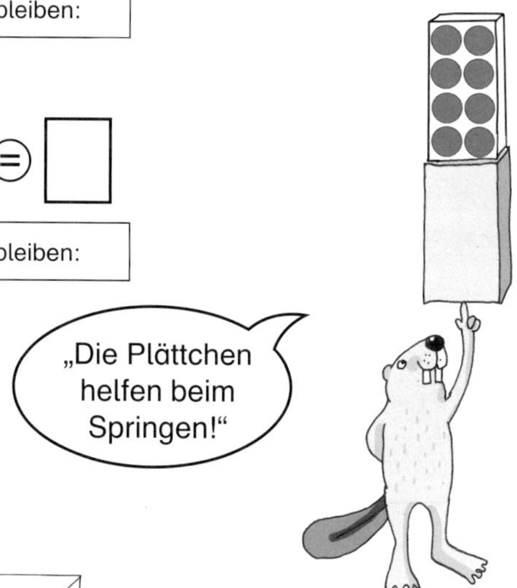

18 ⊖ 9 ⊜ ☐
außen: innen: bleiben:

Schneider: Rechnen ohne Stolperstein, Zehnerübergang mit Minus. Illustrationen: Kristina Klotz

Von **16, 17, 18** rückwärts über den Zehner:

„... außen, ... innen, ... bleiben.“

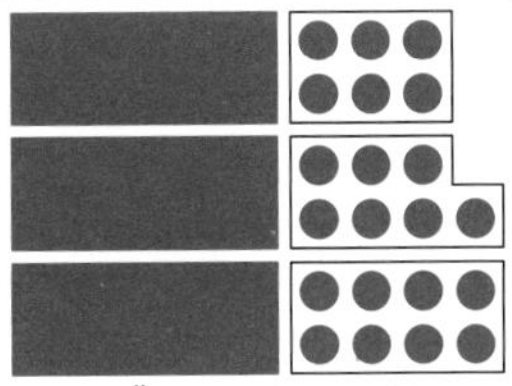

ZÜ von 16, 17, 18 rückwärts

16 − 8 = ☐

außen: 6 innen: 2 bleiben: 8

17 − 9 = ☐

außen: innen: bleiben:

17 − 8 = ☐

außen: innen: bleiben:

16 − 7 = ☐

außen: innen: bleiben:

16 − 9 = ☐

außen: innen: bleiben:

18 − 9 = ☐

außen: innen: bleiben:

Was gehört zusammen? Male gleich an.

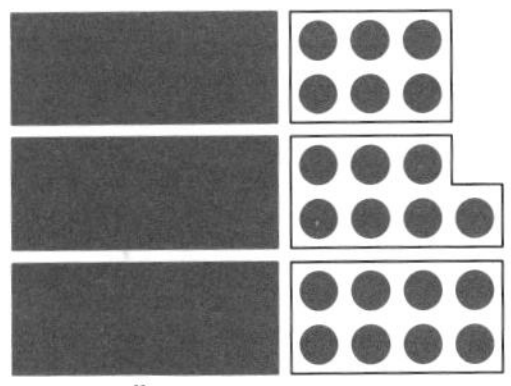

ZÜ von 16, 17, 18 rückwärts

16 − 9 =

außen innen bleiben 8 1 9

8

außen innen bleiben 7 1 9

17 − 9 =

9

17 − 8 =

16 − 8 =

9

9

8

außen innen bleiben 6 3 7

außen innen bleiben 7 2 8

18 − 9 =

7

außen innen bleiben 6 2 8

16 − 7 =

außen innen bleiben 6 1 9

Von **16, 17, 18** und **15** rückwärts über den Zehner:

Verbinde gleiche Ergebnisse.

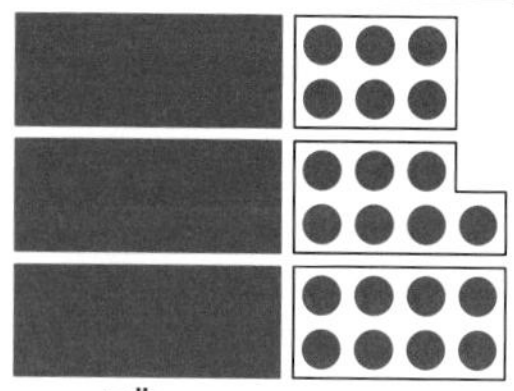
ZÜ von 16, 17, 18 rückwärts

15 − 8 = ☐
außen: 5 innen: 3 bleiben: 7

16 − 7 = ☐
außen: innen: bleiben:

18 − 9 = ☐
außen: innen: bleiben:

17 − 9 = ☐
außen: innen: bleiben:

17 − 8 = ☐
außen: innen: bleiben:

15 − 7 = ☐
außen: innen: bleiben:

16 − 8 = ☐
außen: innen: bleiben:

16 − 9 = ☐
außen: innen: bleiben:

15 − 7 = ☐
außen: innen: bleiben:

15 − 6 = ☐
außen: innen: bleiben:

Von **16, 17, 18** und **15, 14** rückwärts über den Zehner:

Verbinde Rechnungen mit gleichen Ergebnissen.

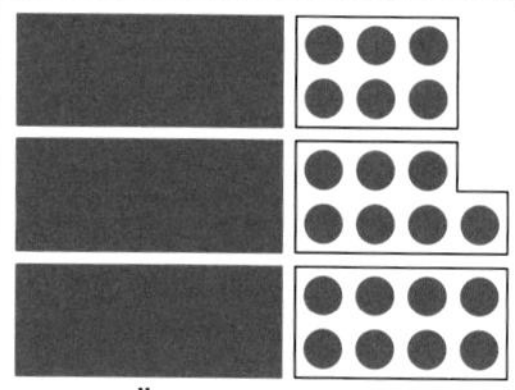
ZÜ von 16, 17, 18 rückwärts

16 − 9 = ☐
außen: 6 innen: 3 bleiben: 7

17 − 8 = ☐
außen: innen: bleiben:

18 − 9 = ☐
außen: innen: bleiben:

15 − 8 = ☐
außen: innen: bleiben:

15 − 7 = ☐
außen: innen: bleiben:

15 − 9 = ☐
außen: innen: bleiben:

14 − 8 = ☐
außen: innen: bleiben:

16 − 8 = ☐
außen: innen: bleiben:

14 − 7 = ☐
außen: innen: bleiben:

14 − 8 = ☐
außen: innen: bleiben:

15 − 7 = ☐
außen: innen: bleiben:

16 − 7 = ☐
außen: innen: bleiben:

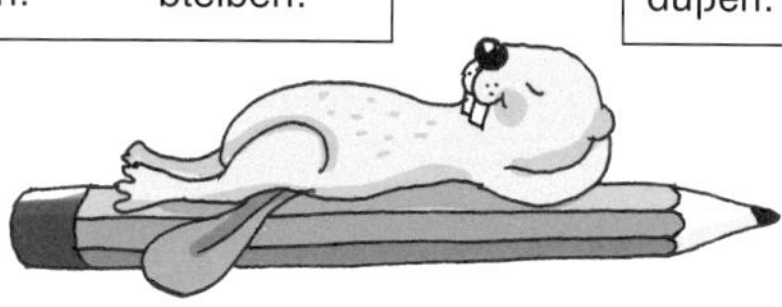

Drei Aufgaben – ein Ergebnis! Was fehlt?

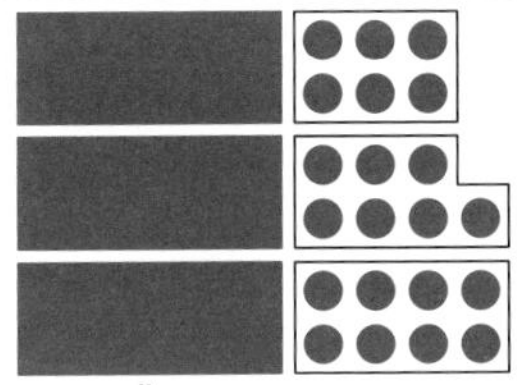
ZÜ von 16, 17, 18 rückwärts

Ergebnis: 9

16 − 7 =
außen: 6 innen: 1 bleiben: 9

18 − ☐ =
außen: innen: bleiben:

17 − ☐ =
außen: innen: bleiben:

Ergebnis: 8

17 − ☐ =
außen: innen: bleiben:

15 − ☐ =
außen: innen: bleiben:

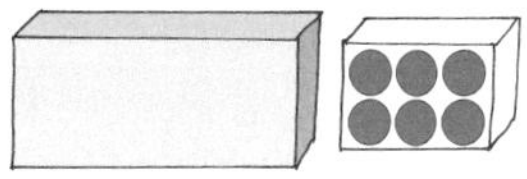

16 − ☐ =
außen: innen: bleiben:

Ergebnis: 7

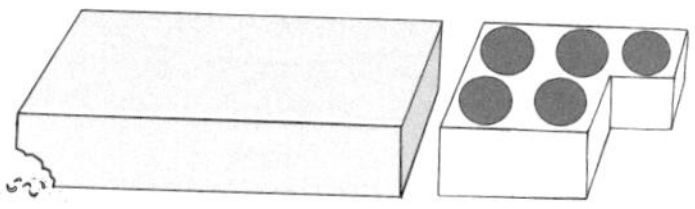

15 − ☐ =
außen: innen: bleiben:

16 − ☐ =
außen: innen: bleiben:

„Von **18**, **17**, **16** und **15** rückwärts!“

17 − ☐ =
außen: innen: bleiben:

Vier Aufgaben – ein Ergebnis!

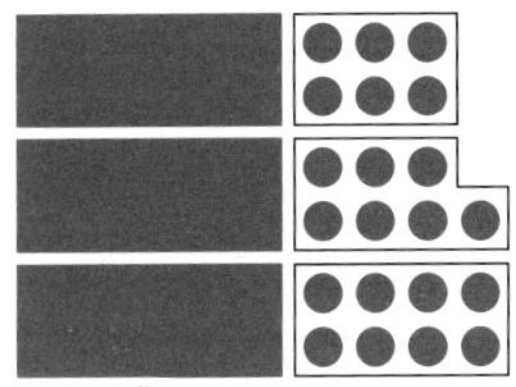
ZÜ von 16, 17, 18 rückwärts

17 − 9 =
außen: 7 innen: 2 bleiben: 8

16 − 8 =
außen: innen: bleiben:

Ergebnis: ☐☐

14 − 6 =
außen: innen: bleiben:

15 − 7 =
außen: innen: bleiben:

„Von **16**, **17**, **18** und **14**, **15**, **16** rückwärts!“

16 − 7 =
außen: innen: bleiben:

15 − 6 =
außen: innen: bleiben:

Ergebnis: ☐☐

14 − 5 =
außen: innen: bleiben:

18 − 9 =
außen: innen: bleiben:

Fünf Aufgaben – ein Ergebnis!

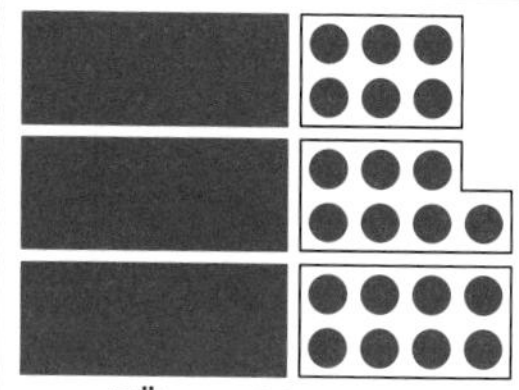

ZÜ von 16, 17, 18 rückwärts

15 − 7 =

außen: 5 innen: 2 bleiben: 8

16 − 8 =

außen: innen: bleiben:

13 − ☐ =

außen: innen: bleiben:

17 − ☐ =

außen: innen: bleiben:

14 − 6 =

außen: innen: bleiben:

14 − 5 =

außen: innen: bleiben:

18 − ☐ =

außen: innen: bleiben:

15 − 6 =

außen: innen: bleiben:

13 − ☐ =

außen: innen: bleiben:

16 − ☐ =

außen: innen: bleiben:

Von **16**, **17**, **18**
und **13**, **14**, **15**
rückwärts!

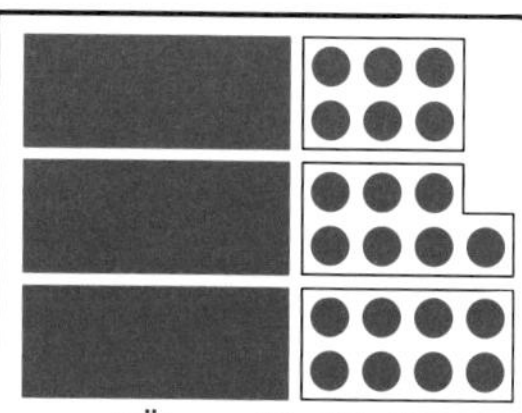

ZÜ von 16, 17, 18 rückwärts

16 − 7 = ☐☐

außen: 6 innen: 1 bleiben: 9

26 − 7 = ☐☐

36 − 7 = ☐☐

46 − 7 = ☐☐

56 − 7 = ☐☐

66 − 7 = ☐☐

76 − 7 = ☐☐

16 − 8 = ☐☐

außen: innen: bleiben:

26 − 8 = ☐☐

36 − 8 = ☐☐

46 − 8 = ☐☐

56 − 8 = ☐☐

66 − 8 = ☐☐

76 − 8 = ☐☐

„Ich mache einen Zehner auf!“

16 − 9 = ☐☐

außen: 6 innen: 3 bleiben: 7

17 − 8 = ☐☐

außen: innen: bleiben:

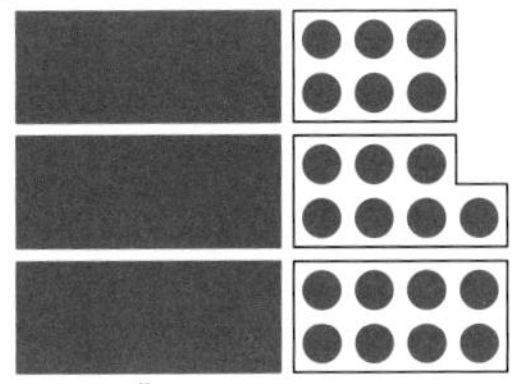

ZÜ von 16, 17, 18 rückwärts

26 − 9 = ☐☐

27 − 8 = ☐☐

36 − 9 = ☐☐

37 − 8 = ☐☐

46 − 9 = ☐☐

47 − 8 = ☐☐

56 − 9 = ☐☐

57 − 8 = ☐☐

66 − 9 = ☐☐

67 − 8 = ☐☐

76 − 9 = ☐☐

77 − 8 = ☐☐

17 − 9 = ☐☐

außen: 7 innen: 2 bleiben: 8

18 − 9 = ☐☐

außen: innen: bleiben:

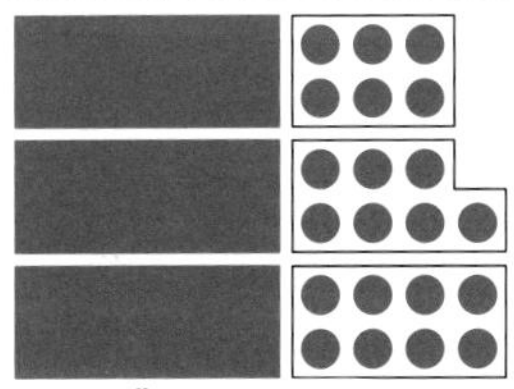

ZÜ von 16, 17, 18 rückwärts

27 − 9 = ☐☐

28 − 9 = ☐☐

37 − 9 = ☐☐

38 − 9 = ☐☐

47 − 9 = ☐☐

48 − 9 = ☐☐

57 − 9 = ☐☐

58 − 9 = ☐☐

67 − 9 = ☐☐

68 − 9 = ☐☐

77 − 9 = ☐☐

78 − 9 = ☐☐

16 − 7 = ☐
36 − 7 = ☐
außen: 6 innen: 1 bleiben: 9

17 − 9 = ☐
27 − 9 = ☐
außen: innen: bleiben:

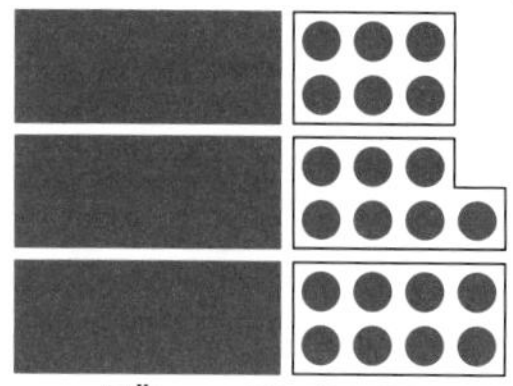
ZÜ von 16, 17, 18 rückwärts

16 − 9 = ☐
46 − 9 = ☐
außen: innen: bleiben:

17 − 8 = ☐
27 − 8 = ☐
außen: innen: bleiben:

18 − 9 = ☐
88 − 9 = ☐
außen: innen: bleiben:

16 − 8 = ☐
56 − 8 = ☐
außen: innen: bleiben:

46 − 8 = ☐☐
außen: 6 innen: 2 bleiben: 8

27 − 9 = ☐☐
außen: innen: bleiben:

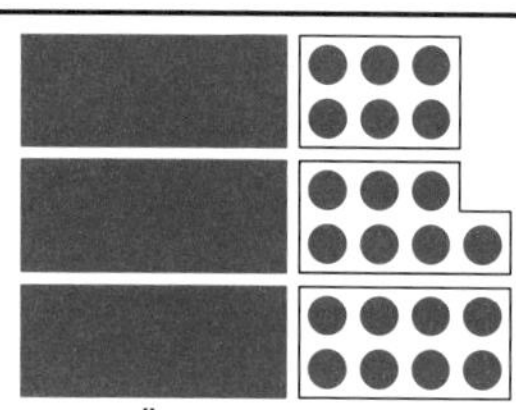
ZÜ von 16, 17, 18 rückwärts

96 − 7 = ☐☐
außen: innen: bleiben:

67 − 8 = ☐☐
außen: innen: bleiben:

36 − 9 = ☐☐
außen: innen: bleiben:

57 − 9 = ☐☐
außen: innen: bleiben:

86 − 8 = ☐☐
außen: innen: bleiben:

67 − 8 = ☐☐
außen: innen: bleiben:

36 − 9 = ☐☐
außen: innen: bleiben:

77 − 9 = ☐☐
außen: innen: bleiben:

ZÜ von 16, 17, 18 rückwärts

3 8 − 9 = ☐☐

außen: 8 innen: 1 bleiben: 9

4 8 − 9 = ☐☐

außen: innen: bleiben:

9 8 − 9 = ☐☐

außen: innen: bleiben:

5 8 − 9 = ☐☐

außen: innen: bleiben:

2 8 − 9 = ☐☐

außen: innen: bleiben:

„Ich spreche laut mit!“

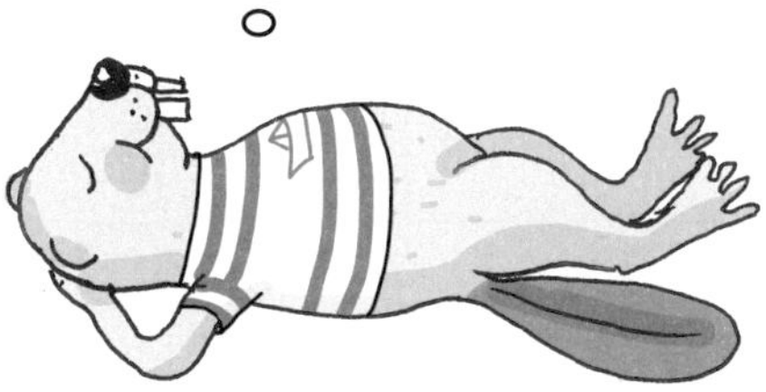

6 8 − 9 = ☐☐

außen: innen: bleiben:

7 7 − 8 = ☐☐

außen: innen: bleiben:

1 8 − 9 = ☐☐

außen: innen: bleiben:

8 6 − 9 = ☐☐

außen: innen: bleiben:

Was gehört zusammen? Male gleich an.

ZÜ von 16, 17, 18 rückwärts

außen innen bleiben: 8 1 9

87–9

28

88–9

57–8

76–9

78

außen innen bleiben: 7 2 8

67

außen innen bleiben: 7 1 9

49

außen innen bleiben: 6 3 7

36–8

66–7

außen innen bleiben: 6 2 8

79

außen innen bleiben: 6 1 9

59

46 ⊖ 8 ⊜ □□

außen: 6 innen: 2 bleiben: 8

97 ⊖ 9 ⊜ □□

außen: innen: bleiben:

35 ⊖ 7 ⊜ □□

außen: innen: bleiben:

88 ⊖ 9 ⊜ □□

außen: innen: bleiben:

34 ⊖ 7 ⊜ □□

außen: innen: bleiben:

28 ⊖ 9 ⊜ □□

außen: innen: bleiben:

67 ⊖ 8 ⊜ □□

außen: innen: bleiben:

55 ⊖ 9 ⊜ □□

außen: innen: bleiben:

66 ⊖ 9 ⊜ □□

außen: innen: bleiben:

74 ⊖ 8 ⊜ □□

außen: innen: bleiben:

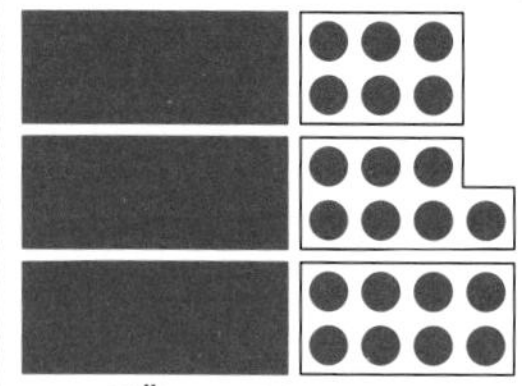

ZÜ von 16, 17, 18 rückwärts

„**6**, **7**, **8** oder **4**, **5** außen?“

Alle Aufgaben: Verbinde Rechnungen mit gleichen Ergebnissen.

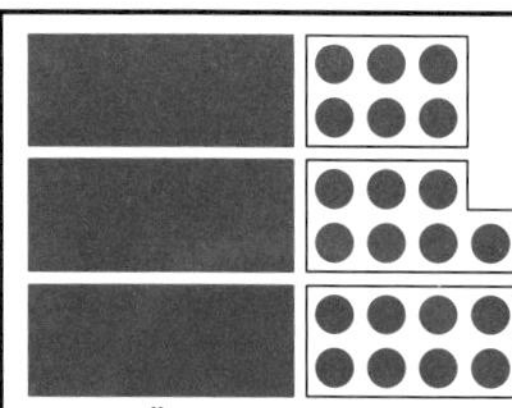

ZÜ von 16, 17, 18 rückwärts

65 ⊖ 9 ⊜ □

außen: 5 innen: 4 bleiben: 6

71 ⊖ 4 ⊜ □

außen: innen: bleiben:

81 ⊖ 2 ⊜ □

außen: innen: bleiben:

76 ⊖ 9 ⊜ □

außen: innen: bleiben:

85 ⊖ 6 ⊜ □

außen: innen: bleiben:

92 ⊖ 4 ⊜ □

außen: innen: bleiben:

87 ⊖ 8 ⊜ □

außen: innen: bleiben:

93 ⊖ 5 ⊜ □

außen: innen: bleiben:

73 ⊖ 6 ⊜ □

außen: innen: bleiben:

96 ⊖ 8 ⊜ □

außen: innen: bleiben:

64 ⊖ 8 ⊜ □

außen: innen: bleiben:

61 ⊖ 5 ⊜ □

außen: innen: bleiben:

Vier Aufgaben – ein Ergebnis! Was fehlt?

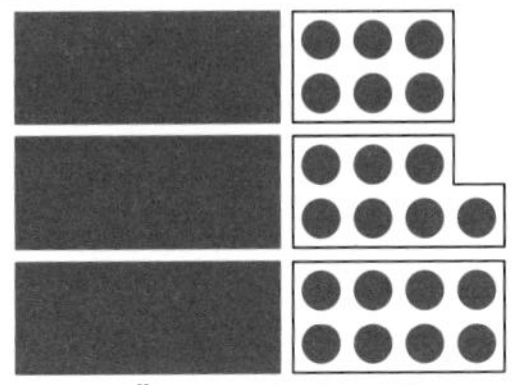

ZÜ von 16, 17, 18 rückwärts

27 − 9 =

außen: 7 innen: 2 bleiben: 8

26 − ☐ =

außen: innen: bleiben:

18

22 − ☐ =

außen: innen: bleiben:

25 − ☐ =

außen: innen: bleiben:

36 − ☐ =

außen: innen: bleiben:

29

35 − ☐ =

außen: innen: bleiben:

34 − ☐ =

außen: innen: bleiben:

33 − ☐ =

außen: innen: bleiben:

Achtung: vorwärts und rückwärts springen!

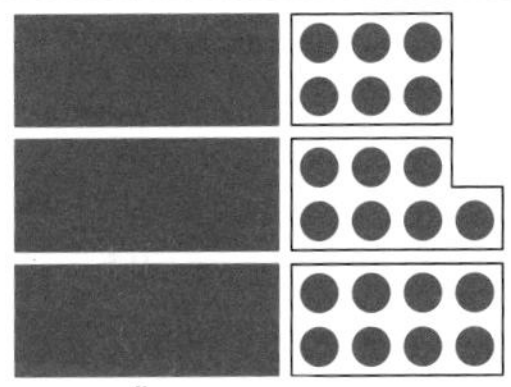

ZÜ von 16, 17, 18 rückwärts

5 + 8 = ☐☐

innen: 5 außen: 3

16 − 7 = ☐☐

außen: innen: bleiben:

9 + 7 = ☐☐

innen: außen:

18 − 9 = ☐☐

außen: innen: bleiben:

7 + 5 = ☐☐

innen: außen:

16 − 8 = ☐☐

außen: innen: bleiben:

8 + 7 = ☐☐

innen: außen:

17 − 8 = ☐☐

außen: innen: bleiben:

Vorwärts und rückwärts – sportlich!

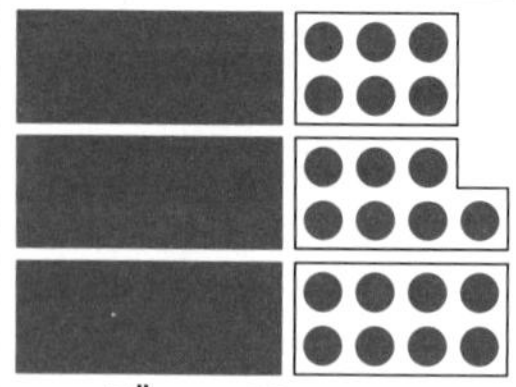

ZÜ von 16, 17, 18 rückwärts

39 + 3 = ____

innen: 1 außen: 2

67 − 8 = ____

außen: innen: bleiben:

32 − 5 = ____

außen: innen: bleiben:

„Außen, innen, bleiben!“

86 + 5 = ____

innen: außen:

46 + 7 = ____

innen: außen:

48 − 9 = ____

außen: innen: bleiben:

26 − 7 = ____

außen: innen: bleiben:

„Innen, außen!“

45 + 8 = ____

innen: außen:

Vorwärts und rückwärts – das trainiert!

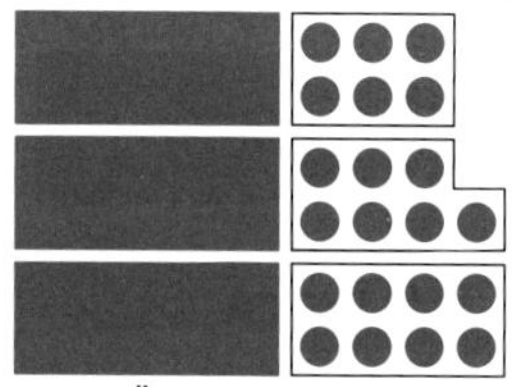

ZÜ von 16, 17, 18 rückwärts

27 + 8 = ____

innen: 3 außen: 5

55 − 9 = ____

außen: innen: bleiben:

41 − 7 = ____

außen: innen: bleiben:

38 + 6 = ____

innen: außen:

62 + 9 = ____

innen: außen:

82 − 6 = ____

außen: innen: bleiben:

96 − 8 = ____

außen: innen: bleiben:

63 + 8 = ____

innen: außen: